EXPOSITION

DES RÈGLES

DU DROIT ANCIEN.

EXPOSITION

DES RÈGLES

DU DROIT ANCIEN,

Suivant l'ordre où elles se trouvent placées au digeste, avec les exceptions dont elles sont susceptibles, et des observations relatives à notre nouvelle législation ;

PAR P. L. GOULLIART,

ANCIEN PROFESSEUR EN DROIT,

ET MEMBRE DE LA COMMISSION ADMINISTRATIVE

DES HOSPICES CIVILS DE PARIS.

A PARIS,

DE L'IMPRIMERIE DE H. L. PERRONNEAU
RUE DES GRANDS AUGUSTINS.

AN VII DE LA RÉPUBLIQUE FRANÇAISE.

PRÉFACE.

————

IL n'est personne qui ne soit convaincu des avantages que peut procurer la connoissance des lois; il n'est personne qui ne sente à quels désordres est exposé un état où cette étude est négligée. Il est donc nécessaire qu'il y ait dans la république des hommes qui s'appliquent à l'étude de cette science sublime, et qui se pénètrent bien des principes sur lesquels elle est fondée.

La jurisprudence, si l'on a négligé les principes, loin de procurer aux hommes les secours qu'ils ont droit d'en attendre, n'offre plus que des conjectures sur les difficultés qui se présentent, que des décisions vagues et peu sures, qu'une routine flottante et presque toujours en défaut, et ne présente plus qu'un cahos informe où règne la plus étrange confusion.

En effet, si les magistrats ont le malheur
de n'être pas instruits, n'est-il pas à craindre
que faute de connoître les principes sur lesquels sont établies les lois, ils ne se laissent
subjuguer par l'opinion souvent opposée à
l'esprit de cette loi, que bientôt ils ne con-
fondent ce qui est juste avec ce qui n'en a
que l'apparence, et qu'ils ne se laissent en-
traîner par des jugemens rendus dans des
circonstances qui paroissent les mêmes, au
lieu de s'en tenir aux lois dont une étude
profonde leur en fera saisir le sens, et les
mettra à portée de les appliquer aux questions qui se présentent.

Si des magistrats nous passons aux jurisconsultes qui par leurs avis influent souvent
sur la vie et la fortune des citoyens, sup-
posons-les destitués de la connoissance de
ces principes, leurs avis ne seront plus que
le résultat de raisonnemens isolés et appuyés
sur la foi de ces compilateurs dont les ou-
vrages n'ont d'autre mérite que celui d'une

collection de lois aussi peu sure que mal di-
gérée, ou sur des commentaires dont les
auteurs sont presque toujours en contradic-
tion entre eux, et souvent avec eux-mêmes,
et alors que de maux peuvent résulter d'un
avis donné avec tant de légéreté !

Mais si ces connoissances sont absolument
nécessaires aux juges et aux jurisconsultes,
combien il est à souhaiter qu'elles ne soient
point étrangères à ceux à qui la nation a
conféré le droit de dicter dés lois.

On ne peut se dissimuler que l'équité doit
être la base de toute législation, que tous
ceux qui sont chargés de ce ministère au-
guste et périlleux doivent s'occuper sans re-
lâche à découvrir les principes de cette équité,
à en tirer les conséquences et à en faire l'application ; de faire en un mot sortir la justice
des ténèbres dont elle est souvent enveloppée,
en l'éclairant du flambeau de cette même
équité.

Ces principes, nous osons le dire, ne se

trouvent que dans la collection des lois romaines dont l'utilité a été généralement re-
connue. Ce n'est que dans cette collection
qu'on découvre ces grands principes d'équité
qui ne se bornent pas à quelques parties de
la jurisprudence, mais qui l'embrassent toute
entière ; aussi les jurisconsultes romains ne
donnoient d'autre définition de la jurisprudence, que celle de connoître l'équité, *ars
æqui.* Il faut donc se pénétrer de ces principes d'équité dans les livres qui les enseignent,
car ce n'est pas assez pour mériter le titre
de jurisconsulte, d'avoir présent à la mé-
moire le titre de chaque loi, sans pouvoir
en expliquer la sagesse et l'utilité. Un tel
jurisconsulte ne sera jamais qu'un praticien
hardi et confiant, qu'on voit citer à tout propos des lois dont il ne connoît ni le sens ni
l'esprit.

C'est d'après la persuasion intime que nous
avons de la nécessité de la connoissance de
ces principes, que nous avons entrepris la

traduction du titre *de regulis juris antiqui*.
Ce titre peut être regardé comme le chef-
d'œuvre des jurisconsultes qui ont travaillé
à la collection des lois connue sous le nom
de digeste.

En effet, ce titre renferme presque tous
les principes qui ont servi de base aux décisions que ces hommes consommés dans la
connoissance des lois ont répandues dans
cette vaste collection, qui est une mine abon-
dante dont on peut tirer tant de richesses.

Mais ce n'est pas assez de connoître ces
règles, il faut en découvrir le sens et savoir
les appliquer aux circonstances qui n'ont pas
été prévues par la loi. Nous avons donc cru
qu'il seroit utile de joindre à ces règles des
observations puisées dans les écrits des jurisconsultes qui les ont recueillies, et par l'application de ces mêmes règles, montrer l'u-
sage qu'on en peut faire; nous y avons ajouté
les exceptions dont chacune de ces règles est
susceptible, et pour en rendre la lecture plus

utile, nous avons remarqué les cas où elles ne sont pas admises parmi nous, et nous les avons rapprochées de notre législation actuelle.

Nous n'avons pas cru devoir nous écarter de l'ordre dans lequel sont placées les règles dans le titre dont nous donnons la traduction, quoi qu'il ne paroisse pas naturel, parce que c'est celui qu'ont suivi les plus illustres commentateurs qui ont travaillé sur ce titre, et que nous avons voulu mettre nos lecteurs à portée de consulter ces mêmes auteurs, et de puiser dans leurs écrits les observations qui auroient pu nous échapper, et juger par eux-mêmes des raisons qui nous ont engagé souvent à nous écarter de leurs opinions, ce qu'ils n'auroient pu faire qu'avec beaucoup de difficultés, si nous avions interverti l'ordre que les commentateurs avoient suivi. Au reste, la table raisonnée que nous avons placée à la fin de ce volume, rétablit entièrement l'unité, puisqu'elle présente d'un coup-d'œil toutes les règles qui traitent de la même matière.

Nous ne nous étendrons pas davantage sur cet ouvrage, nous nous estimerons bien dédommagés de notre travail si les efforts que nous avons faits peuvent engager les jeunes gens qui se destinent à l'étude des lois à bien méditer les principes qui y sont exposés, et si nous sommes assez heureux pour ranimer parmi nous l'étude d'une science aussi nécessaire au maintien de la république et au bonheur des citoyens qui la composent.

———————————

Paris, le 23 brumaire, an 6.

Hier, citoyen, j'ai fait mon rapport à l'institut national, sur votre ouvrage.

L'avis de la commission a été tel qu'il devoit être ; nous avons pensé que le public retireroit des avantages de la traduction que vous allez publier, et qui étoit d'ailleurs littérale.

Un réglement récent et dont j'ignorois les dispositions, n'a point permis à la classe d'adopter les conclusions du rapport qui tendoient à vous accorder l'approbation que vous aviez paru desirer, et à laquelle vous aviez des droits bien légitimes.

En vous renvoyant votre manuscrit, le citoyen Daunou, secrétaire, vous instruira du résultat du rapport.

Recevez, citoyen, l'expression sincère de mes sentimens.

Signé, CAMBACERÈS.

Le citoyen Goulliart, ex-professeur en droit, place du Panthéon, N°. 4.

INSTITUT NATIONAL.

CLASSE DES SCIENCES
MORALES ET POLITIQUES.

Paris, le 22 brumaire, an 6.

Citoyen,

Les CC. Cambacerès et Creuzé-Latouche viennent de faire à la classe des sciences morales et politiques de l'institut national, un rapport très-favorable de votre manuscrit, intitulé : *Traduction des Règles du Droit*, etc.

La classe s'étant imposé la loi de n'approuver et de n'improuver aucun ouvrage, me charge de vous renvoyer celui que vous lui avez adressé.

Salut et fraternité,

Le secrétaire de la classe des sciences morales et politiques.

Au citoyen Goulliart, place du Panthéon.

Signé, DAUNOU

EXPOSITION
DES RÈGLES
DU DROIT ANCIEN.

RÈGLE PREMIÈRE.

Paulus, lib. 6, ad Plautium.

REGULA est quae rem quae est, breviter enarrat : non ut ex regulâ jus sumatur, sed ex jure quod est, regula fiat. Per regulam igitur brevis rerum narratio traditur, et, ut ait Sabinus quasi causae conjectio est, quae simul cum in aliquo vitiosa est, per dit officium suum.

La règle est une maxime qui expose en peu de mots la chose telle qu'elle est ; ce n'est pas la règle qui fait la loi, puisqu'elle n'est établie que sur la loi elle-même.

Ainsi par le moyen de la règle on obtient un résumé succinct de tous les cas qui dérivent d'un même principe ; de manière qu'elle perd toute sa force si on veut l'appliquer au cas qu'elle n'a pas prévu.

OBSERVATIONS.

La règle est proprement une définition

courte ou plutôt une maxime qui représente
d'une manière précise les différens cas aux-
quels on peut l'appliquer; ou plutôt, comme
le dit Cujas, c'est l'exposition courte d'un
principe qui peut s'appliquer à différens cas,
et qui les présente dans une définition rédigée
en peu de mots.

Nous disons que la règle expose plusieurs
cas en une seule espèce ; cela arrive lorsqu'elle
propose la raison générale qui a déterminé les
jurisconsultes à décider une question sur le
même principe, quoique dans des cas différens.

Remarquez bien que la loi ne tire point sa
force de la règle, mais que la règle se forme
des principes puisés dans la loi elle-même ;
car la règle expose les principes de droit qu'on
a suivis constamment dans les différentes espèces qui dépendoient de ces principes. Elle
n'établit donc pas un droit nouveau pour les
cas déja prévus par la loi, mais elle propose
en peu de mots ce qui avoit déja été règle dans
ces sortes de cas, et elle fait loi dans les cas
semblables qui n'avoient pas encore été dé-
cidés.

Remarquez bien aussi que la règle perd sa
force lorsqu'elle est soumise à l'exception; la
raison en est, qu'il n'y a pas de règle, quel-

que générale qu'elle soit, qui ne souffre quelques exceptions, mais ces exceptions doivent
émaner de la règle elle-même ; ainsi mal-à-
propos on proposeroit dans l'action personnelle une exception qui ne tomberoit que sur
l'action réelle.

Il faut bien se garder de prendre la règle
d'une manière trop générale, car alors on
court risque de s'égarer. Ainsi si l'on veut s'en
tenir au principe de cette règle, *ce qui nous
appartient* ne peut sans notre fait cesser de
nous appartenir (*id quod nostrum est sine
facto nostro ad alium transferri non potest*),
il faudroit en conclure qu'un créancier ne
peut faire vendre les biens de son débiteur
malgré lui, ce qui est faux, puisque ce principe ne peut militer qu'en faveur de ceux qui
ne peuvent être contraints à laisser vendre
leurs biens, soit en conséquence des dettes
qu'ils ont contractées, soit lorsque l'utilité
publique exige qu'ils consentent à l'aliénation.

Il faut donc bien examiner quel a été l'objet
de la règle, et la restreindre aux cas qu'elle
a eu en vue.

RÈGLE II.

Ulpianus, lib. 1, ab Sabinum.

Faeminae ab omnibus officiis civilibus vel

*publicis remotæ sunt ; et ideo nec judices
esse possunt, nec magistratum gerere, nec
postulare, nec pro alio intervenire, nec pro-
curatores existere.*

Les femmes sont exclues de toutes fonctions
publiques et civiles, d'où il suit qu'elles ne
peuvent pas gérer de magistrature, ni postu-
ler en jugement, ni se rendre caution pour
autrui, ni gérer les affaires des autres.

OBSERVATIONS.

Cette règle est une de ces règles générales
qui souffrent beaucoup d'exceptions. Elle est
absolument suivie en ce qui regarde les fonctions publiques connues sous le nom de ma-
gistratures, mais il y a d'autres fonctions publiques dont les femmes sont susceptibles, telles
que la tutelle, ce qui cependant se trouve
restreint à la mère ou à son défaut à l'aïeule,
mais en ce cas elle ne conserve la tutelle
qu'autant qu'elle ne passe pas à un second
mariage, à moins que cette fonction ne lui
soit confiée par une assemblée de parens, sous
la garantie du second époux.

Elles peuvent aussi, si elles ne sont pas en
puissance de mari, se rendre caution pour
autrui, le bénéfice du senatus-consulte Vel-
léien n'étant pas admis parmi nous. Elles peuvent

vent aussi se charger des affaires des autres, soit en vertu d'une procuration, soit du consentement des parties, et sont responsables de leur administration.

§. I.

Item impubes ab omnibus officiis civilibus debet abstinere.

Le pupille doit pareillement s'abstenir de toute fonction publique.

OBSERVATION.

L'incapacité générale qui tombe sur les femmes, regarde pareillement les mineurs, et la raison en est trop sensible pour mériter une explication.

RÈGLE III.

Ejus est non nolle, qui potest velle.

La faculté d'accepter entraîne celle de refuser.

OBSERVATIONS.

Cette règle a paru fort obscure à beaucoup d'interprètes ; cependant le sens qu'elle présente naturellement ne porte aucune obscurité. Vouloir, c'est manifester sa volonté par un consentement exprès, autrement ce n'est pas vouloir, c'est tolérer ou ne pas contredire ce

B

qu'on pouroit empêcher : cette tolérance tient le milieu entre le vouloir et le refus.

Pour pouvoir refuser efficacement une chose, il faut avoir le droit de l'accepter. Cette règle s'applique sur - tout aux matières testamentaires ; par exemple : Titius a institué Mævius pour son héritier, à condition qu'il ne le seroit que dans le cas où le vaisseau qu'il avoit envoyé aux Indes reviendroit à bon port. Avant le retour du vaisseau Titius refuse l'*hérédité* ; il est constant que Titius n'ayant pas eu le droit d'accepter l'*hérédité* avant que la condition fût arrivée, puisqu'il étoit encore incertain si le droit lui seroit acquis, sa répudiation seroit absolument nulle , et il n'est pas douteux qu'il ne soit libre de se déclarer héritier, malgré le refus qu'il avoit fait, le vaisseau étant arrivé à bon port.

L'acte d'héritier fait par un pupille sans l'autorité de son tuteur, ne peut lui porter préjudice, par ce que n'étant pas censé avoir de volonté, son consentement est nul. En un mot, pour qu'un acte soit valide, il faut qu'il soit accepté par celui qui a droit de le faire.

RÈGLE IV.

Velle non creditur qui obsequitur imperio patris vel domini.

Celui qui ne fait qu'obéir aux ordres de son père ou de son maître, n'est pas censé agir par sa propre volonté.

OBSERVATION.

Cette règle ne peut avoir d'application dans nos mœurs qui ne reconnoissent plus de puissance paternelle, et qui ont banni l'esclavage.

RÈGLE V.

Paulus, lib. 2, ad Sabinum.

In negotiis contrahendis alia causa habita est furiosorum, alia eorum qui fari possunt, quantumvis actum rei non intelligerent. Nam furiosus nullum negotium contrahere potest: pupilus omnia tutore auctore agere potest.

Dans les obligations il y a une grande différence entre les insensés et les enfans en bas âge. L'enfant qui a l'usage de la parole peut contracter en son nom toutes sortes d'obligations, pourvu qu'il soit autorisé par son tuteur; l'insensé, au contraire, ne peut contracter aucune obligation.

OBSERVATIONS.

Cette règle est d'un grand usage; elle établit la différence qui se trouve entre les insensés

B

et les enfans en bas âge. L'enfant qui a l'usage
de la parole peut contracter en son nom toutes
sortes d'obligations, pourvu qu'il soit autorisé
par son tuteur; l'insensé, au contraire, ne
peut aucunement contracter, même dans les
affaires qui lui sont avantageuses, quand même
il seroit autorisé par son curateur; la raison
en est qu'il est censé privé de toutes connoissances, en quoi il ressemble à un homme qui
dort ou qui est absent. Il ne peut donc ni
tester ni faire acte d'héritier. Si cependant il
échéoit à un insensé un héritage qui pût augmenter son patrimoine, le curateur pourroit
l'accepter en son nom, parce qu'il ne seroit
pas juste que ce malheureux privé déja de la
faculté de penser, se trouvât encore dépouillé
d'un bien que la fortune lui procuroit.

Quand nous disons que le pupille peut contracter toutes sortes d'obligations, pourvu qu'il
soit autorisé par son tuteur, il faut supposer
que ce pupille a plus de sept ans, car au-
dessous de cet âge, les lois ne mettent aucune
différence entre un enfant et un insensé.

Cette règle souffre une exception : quoique
l'enfant et l'insensé ne puissent s'obliger même
avec l'autorité de leur tuteur ou curateur, il
y a cependant des cas où ils se trouvent obligés par le seul fait. Si par exemple ils possè-

dont un héritage en commun avec un tiers,
et que leur associé se trouve forcé à faire des
dépenses nécessaires pour la conservation de
la chose commune, il auroit une action contre eux pour les obliger à lui tenir compte,
pour leur part, des dépenses qu'il s'est vu
forcé de faire. Si le pupille avoit contracté
une obligation qui fût toute à son avantage,
il seroit tenu envers celui avec qui il a contracté à raison des profits qu'il auroit faits.

REGLE VI.

Ulpianus, lib. 5, ad Sabinum.

Non vult hæres esse qui ad alium transferri
voluit hæreditatem.

On ne doit pas regarder comme héritier
celui qui a souffert qu'un autre s'emparât de
l'héritage.

OBSERVATION.

Lorsque l'on doute si quelqu'un a fait acte
d'héritier, il faut examiner si celui qui avoit
droit à l'hérédité a fait quelqu'acte qui prouve
évidemment qu'il n'a pas eu l'intention d'exercer
son droit ; si, par exemple, il a renoncé expressément à son droit, ou s'il a reçu une certaine
somme pour y renoncer, alors la succession
passe à l'héritier légitime ou à celui qui est

B 3

substitué à ses droits; mais l'héritier qui a
tiré profit des dispositions du testateur, est
tenu, en vertu de l'édit du préteur, de satisfaire les légataires et les fidéicommissaires
comme s'il avoit véritablement fait acte d'héritier.

RÈGLE VII.

Pomponius, lib. 3, ad Sabinum.

Jus nostrum non patitur eumdem in paga-
nis et testato et intestato decessisse; earum-
que rerum naturaliter inter se pugnant, tes-
tatus et intestatus.

Selon la disposition de nos lois, personne,
s'il n'est actuellement sous le drapeau mili-
taire, ne peut décéder partie testat, partie
intestat, car il y a une opposition manifeste
entre ces deux choses.

OBSERVATION.

Cette règle qui est appuyée sur les privi-
léges accordés aux soldats, de pouvoir ne disposer par testament que d'une partie de leurs
biens, quoique suivant les lois l'héritier re-
présentant la personne du défunt, recueillît
toute la succession encore qu'il n'eût été institué que pour une partie, n'est plus en usage
parmi nous, l'institution d'héritier n'étant
plus nécessaire pour la validité du testament.

RÈGLE VIII.

Pomponius, lib. 4, ad Sabinum.

Jura sanguinis nullo jure civili perimi possunt.

La loi ne peut porter atteinte aux droits du sang.

OBSERVATION.

On entend par droits du sang ce rapport intime, ce lien que la nature a établi entre les personnes formées d'un même sang. Ce lien est tellement inhérent à la personne, qu'il ne peut s'affoiblir par quelque condamnation que ce soit. Ainsi la peine capitale qui emporte la mort civile, prive bien celui par qui elle est encourue de tous les droits de citoyen, tels que les droits de succéder, ce droit étant établi par la loi en faveur des individus qui composent la république, mais il ne détruit point les liens que la nature a établis entre les hommes à raison de la parenté.

RÈGLE IX.

Ulpianus, lib. 15, ad Sabinum.

Semper in obscuris quod minimum est sequimur.

Dans les choses obscures on s'en tient toujours à celle qui est la moins onéreuse.

B 4

OBSERVATIONS.

Quand il s'agit d'interpréter une clause obscure , on examine d'abord quelle a pu être l'intention des contractans; si on ne voit pas clairement ce qu'ils ont eu en vue , il faut se décider pour ce qui paroît le plus vraisemblable , et suivre la marche qu'on a coûtume de prendre dans les affaires du même genre. Si on ne peut en suivant cette marche sortir de l'obscurité , il est bon d'avoir recours à l'usage établi dans l'endroit où le contrat a été passé ; et enfin si d'après ce procédé on ne peut encore parvenir à découvrir la véritable intention des contractans , il faut se décider pour ce qui est le moins onéreux , parce que personne n'est censé vouloir aggraver sa condition.

Cette règle s'applique sur-tout aux testamens , aux délits et aux sentences des juges.

Il s'ensuit qu'un legs ainsi conçu : *je donne et lègue cent pièces ;* si l'on ne peut découvrir de quelles pièces a voulu parler le testateur, l'héritier n'est tenu de donner que les moindres. De même , si le testateur avoit légué à sa femme une part égale à celle d'un de ses héritiers , et qu'il eut donné aux uns des parts plus fortes qu'aux autres , la femme sera obligée de se contenter d'une part égale à la moindre de celles qui ont été fixées par le testateur. La raison de cette décision est appuyée sur la présomption qui est toujours en faveur de l'héritier que le testateur est censé avoir voulu grever le moins qu'il a pû.

La même règle s'observe dans les contrats. Ainsi celui qui a stipulé cinq ou dix mille francs, ne peut exiger que cinq mille francs. De même, si l'on est convenu que la somme stipulée sera payée dans une ou deux années, la dette n'est exigible qu'au bout de deux ans.

La même règle a lieu dans les délits. Dans le doute, on s'en tient à la peine la plus légère.

RÈGLE X.

Paulus lib. 3, ad Sabinum

Secundum naturam est commoda cujusque rei eum sequi quem sequuntur incommoda.

Il est naturel que celui qui supporte les charges d'une chose, en ait le profit.

OBSERVATIONS.

La loi qui veille sans cesse au maintien de la société, doit établir la plus parfaite égalité entre tous les citoyens qui la composent.

Elle ne doit donc pas souffrir que l'un ait tout le profit et que l'autre supporte toute la perte. Ainsi, si j'ai acheté un fond et que ce fond ait reçu quelqu'accroissement avant qu'il m'ait été livré, cet accroissement m'appartient, parce que depuis le moment où la vente a été consommée, la perte ou le déchet que ce fond pouvoit éprouver sont à ma charge.

Il y a cependant des cas où l'acheteur n'est pas tenu de supporter la perte ou le déchet qu'auroit éprouvé le fond dont il avoit acquis la propriété, tels que ceux-ci, 1°. lorsque le vendeur s'est obligé à la garantie ; 2°. lorsqu'il est en demeure de remettre la chose vendue au tems porté par la convention ; 3°. lorsqu'il y a du dol personnel ou de la négligence de sa part à maintenir la chose dans l'état qu'il a promis de la remettre ; 4°. lorsque la chose a péri avant l'évènement de la condition dans une vente conditionnelle. Enfin dans tous les cas où la vente n'est pas faite, soit pour n'avoir pas passé d'acte par écrit comme on en étoit convenu, soit à raison de quelqu'autre défaut.

Il résulte encore de cette règle que les profits de la dot appartiennent au mari, parce qu'il supporte les charges de la communauté,

RÈGLE XI.

Pomponius, lib. 5, ad Sabinum.

Id quod nostrum est, sine facto nostro ad alium transferri non potest.

Ce qui nous appartient, ne peut sans notre fait, cesser de nous appartenir.

OBSERVATIONS.

Tel est l'effet de la propriété que personne n'a le droit de m'en dépouiller malgré moi.

Par le *fait*, on entend ici un acte antérieur, qui prouve la volonté de se dessaisir de la propriété, tel que la tradition, la stipulation, le legs, la donation, etc. ; ainsi ce seroit en vain que l'on se prétendroit propriétaire d'une chose sous le prétexte qu'on l'auroit achetée, si l'on ne prouvoit que la chose avoit été valablement délivrée par l'ancien propriétaire.

Cette règle souffre cependant quelques exceptions. Un homme dont les biens ont été confisqués, perd sa propriété sans qu'il soit besoin de son consentement. Si les chemins publics se trouvoient dégradés par le débordement des eaux, les propriétaires des fonds voisins seroient tenus de fournir de leur terrain tout ce qui est nécessaire pour la répa-

ration du chemin. Il en est de même lorsque
l'utilité publique exige que le gouvernement
s'empare d'une partie des fonds qui nous appartiennent, mais alors il est tenu de dédommager le propriétaire. On peut encore aliéner
les biens d'un débiteur sans son consentement,
lorsqu'on a obtenu un jugement qui autorise
cette aliénation.

On n'exige pas non plus le consentement
du propriétaire dans la prescription, la loi
l'ayant ainsi ordonné, parce que le gouvernement est intéressé à ne pas laisser les pro-
priétés incertaines, et que d'ailleurs, le propriétaire est censé avoir consenti à l'aliénation
en ne revendiquant pas son bien, et qu'il ne
pouvoit ignorer que cet abandon de sa part
le priveroit à la fin de sa propriété.

RÈGLE XII.

Paulus, lib. 3, ad Sabinum.

*In testamentis plenius volontates testan-
tium interpretantur.*

Dans les testamens, on donne la plus grande
étendue à la volonté du testateur.

OBSERVATIONS.

Il est du plus grand intérêt que les der-
nières volontés du testateur ayent entièrement

leur effet. Ainsi, si le testateur s'est exprimé en des termes si obscurs qu'on ne puisse découvrir au premier apperçu quelle a pu être sa volonté, c'est alors qu'on doit l'interprêter en faveur du testament, on suppose alors que ce testateur pressé par la douleur occasionnée par la maladie qui lui a procuré la mort, n'a pas pu s'expliquer plus clairement. Mais il faut bien observer que la volonté du testateur ne reçoit d'extension lorsqu'il s'agit des legs, que quand on peut présumer que cette extension n'est que l'effet de sa volonté ; par exemple, si je lègue mon vin, je suis censé avoir légué en même tems, les vases qui le contiennent, quoique je n'en aie pas parlé dans mon testament. Loi 3, au dig. *de vino et tritico legato.*

De même, si je lègue l'usage de mon troupeau, il est certain que la laine, le lait et les agneaux n'appartiennent point au légataire, mais, comme le legs lui seroit alors inutile, on lui accorde la faculté de faire paître ce troupeau dans son champ, pour lui servir d'engrais. Il pourra même en retirer le lait qui est nécessaire à son usage. Voyez la loi 12, parag. *sed et si pecoris* au digeste de *usu et habitatione,* autrement, l'on interprête toujours la volonté du testateur en faveur de l'héritier, comme nous l'avons dit sur la règle neuvième ci-dessus.

RÈGLE XIII.

Ulpianus, lib 19, ad Sabinum.

Non videtur cepisse qui per exceptionem à petitione removetur.

On est pas censé avoir parfaitement acquis une chose dont on peut être privé par le moyen d'une exception.

OBSERVATIONS.

Un créancier proprement dit, est celui qui a une action pour revendiquer une chose qui lui appartient, mais on ne peut pas dire qu'on est véritablement propriétaire d'un bien lorsqu'on peut être évincé, et que l'action qu'on pouvoit exercer en vertu de sa propriété, peut être annullée par une exception. Le jurisconsulte explique ce principe dans la loi vingt-huitième au digeste *de legatis.* Il est de principe qu'on ne peut léguer à quelqu'un ce qui lui appartient. Si donc, un débiteur avoit légué à son créancier une somme de 10,000 fr. qu'il lui devoit, mais qu'il étoit en droit de ne pas lui payer, étant à couvert par une convention particulière faite avec son créancier, par laquelle il avoit consenti à ne jamais lui demander cette somme, le legs est valide, parce que le débiteur en léguant à son créancier cette somme, est censé avoir renoncé au droit qu'il avoit d'user de son exception. On ne peut donc pas dire qu'on ait légué au créancier une chose à lui appartenante, parce qu'on n'est pas véritablement propriétaire d'une chose dont on peut être privé par le moyen d'une exception.

RÈGLE XIV.

Pomponius, lib. 5, ad Sabinum.

In omnibus obligationibus in quibus dies non ponitur, præsenti die debitur.

Dans toutes les obligations dans lesquelles le jour du paiement n'est point exprimé, la chose est due sur le champ.

OBSERVATIONS.

Lorsque dans une stipulation, on n'indique pas le jour où se fera le paiement de la chose dont on est convenu, on peut à la rigueur, former sa demande afin de paiement; mais, comme une pareille convention seroit sou ent difficile à remplir, on accorde dix jours pour pouvoir se libérer.

Il y a encore des cas où la simple promesse ne peut avoir son effet qu'après un certain

tems ; par exemple , si je promets payer 300 fr.
à Lyon sans indiquer le jour où se fera le
paiement, il est certain qu'on ne pourra former sa demande qu'après le délai nécessaire
pour que je puisse satisfaire à la promesse que
j'ai faite dans le lieu exprimé dans mon billet.

Il en est de même , si le testateur avoit légué par son testament une dot en faveur d'une
personne en bas âge, quoiqu'il n'ait pas dé-
signé le jour où se fera le paiement, on ne
pourra former la demande du legs , qu'au moment où la légataire aura atteint l'âge nubile.

RÈGLE XV.

Paulus , lib 4, ad Sabinum.

Is qui actionem habet ad rem recipiendam ,
ipsam rem habere videtur.

Celui qui a le droit d'obtenir une chose par
le moyen d'une action , est censé l'avoir en
sa puissance.

OBSERVATIONS.

Cette règle n'est qu'une fiction pour prouver quelle est la force de l'action. Le jurisconsulte ne craint pas d'assimiler cette action
à la chose elle-même.

Nous disons que ce n'est qu'une fiction ,
puisqu'au fond il y a une très - grande dif-
férenc

férence entre avoir une chose, ou pouvoir l'obtenir par le moyen d'une action ; puisque nonobstant cette action, il y a bien des cas où le propriétaire ne peut pas obtenir la chose qu'il poursuit, si par exemple, le débiteur est insolvable, l'action est absolument inutile, etc.

RÈGLE XVI.

Ulpianus, lib. 21, ad Sabinum.

Imaginaria venditio non est pretio accedente.

Le contrat de vente dans lequel le prix est stipulé, n'est pas un contrat imaginaire.

OBSERVATIONS.

Cette règle a rapport aux ventes imaginaires ou fictives qui se faisoient chez les Romains dans les émancipations, les testamens, etc. Mais on peut en déduire ce principe, que toutes les fois que dans un contrat de vente, on a déterminé un prix certain, le contrat est valide, encore que le prix fixé soit au-dessous de la valeur de la chose. Il en seroit autrement si le prix n'étoit point fixé, si par exemple, on vend une chose moyennant une pièce de monnoie, la vente est nulle, parce qu'on ne

C

peut pas déterminer quel est le prix dont les contractans sont convenus.

Quand nous disons qu'il n'est pas nécessaire que le prix soit égal à la valeur de la chose vendue pour que la vente soit valable, cela admet une exception, puisque le vendeur qui, forcé par la nécessité, vend son bien fort au-dessous de sa valeur, peut se pourvoir en rescision, si la lésion est d'outre moitié.

RÈGLE XVII.

Ulpianus, lib. 23, ad Sabinum.

Cum tempus in testamento adjicitur ; credendum est pro haerede adjectum , nisi alia mens fuerit testatoris; sicut in stipulationibus, promissoris gratiâ tempus adjicitur.

Lorsque le testateur fixe un tems pour le paiement du legs, on doit croire que le délai est en faveur de l'héritier, à moins que le testateur n'ait déclaré le contraire. Il en est ainsi des stipulations dans lesquelles le délai est toujours en faveur du débiteur.

OBSERVATIONS.

En général, le délai dans les obligations, est toujours censé en faveur du débiteur. Il en est de même dans les causes testamentaires ; lorsqu'il y a un terme fixé pour le paiement

du legs, ce délai est censé accordé en faveur
de l'héritier ; ainsi, de même qu'un débiteur
qui a terme pour payer, peut se libérer avant
le terme échu, puisque chacun est libre de
renoncer à ce qui lui est avantageux, l'héritier peut délivrer le legs avant le terme prescrit pour le paiement. Mais si l'héritier ou le
débiteur faisoient des offres au créancier ou au
légataire pour les forcer à recevoir avant le
tems de l'échéance, il ne seroit libéré que du
moment où les offres auroient été déclarées
bonnes et valables.

Il y a cependant des cas où l'héritier ne
peut acquitter le legs avant le tems prescrit. Si
par exemple, on avoit légué un fond à un pupille à condition qu'il ne pourroit lui être délivré avant qu'il eût atteint l'âge de puberté,
ce legs ne pourroit être payé avant le tems prescrit, parce que l'intention du testateur a été
que ce legs ne fût pas payé au légataire dans
un tems où par défaut de prudence il pourroit
en abuser.

RÈGLE XVIII.

Pomponius, lib. 6, ad Sabinum.

Quae legata mortuis nobis ad haeredem nos-
trum transeunt eorum commodum per nos

his in quorum potestate sumus , eodem casu acquirimus : aliter atque quod stipulati sumus , nam et sub conditione stipulantes omni modo eis adquirimus etiam si liberatis nobis potestate domini conditio existat.

Paulus.

Si filius familias sub conditione stipulatus, emancipatus fuerit, deinde extiterit conditio , patri actio competit , quia in stipulationibus id tempus spectatur quo contrahimus.

Les fruits des legs qui après notre mort passent aux héritiers, appartiennent à ceux en la puissance desquels nous nous trouvons au moment de l'échéance du legs. Il n'en est pas de même dans les stipulations , puisque si j'ai contracté sous condition , la chose à laquelle j'ai droit en vertu de cette stipulation , appartiendra à ceux sous la puissance desquels j'étois au moment du contrat, quoique je jouisse de tous mes droits au moment où la condition aura existé.

Si un fils de famille avoit stipulé sous condition , et que la condition ne fût arrivée qu'après son émancipation , le père pourroit former sa demande à l'effet d'obtenir à son profit la chose stipulée, parce que dans les stipulations , on ne considère que le tems où le contrat a été passé.

OBSERVATIONS.

Cette règle qui établit une différence entre les legs et les stipulations, et qui déclare en quel cas ces legs appartiennent au légataire ou à ceux sous la puissance desquels se trouvoit celui qui avoit stipulé, est relative au droit des maîtres sur leurs esclaves ou des pères sur les enfans qui étoient sous leur puissance. Elle ne peut convenir à notre législation actuelle, c'est pourquoi nous ne nous en occuperons pas. On peut cependant, d'après cette règle, établir la différence qui se trouve entre le legs et la stipulation, c'est que le legs fait sous condition, ne passe aux héritiers du légataire que dans le cas où la condition est arrivée de son vivant; la stipulation, au contraire, transmet à l'héritier du contractant la chose stipulée sous condition, quand même la condition n'arriveroit qu'après sa mort. La raison de cette différence, c'est que le legs n'est véritablement acquis au légataire qu'au moment où la condition existe; la stipulation au contraire, donne au contractant un droit qui lui est acquis au moment même du contrat, et ce droit, il le transporte à son héritier, quand même la condition sous laquelle il a contracté n'arriveroit qu'après sa mort.

C 3

REGLE XIX.

Ulpianus, lib. 24, ad Sabinum.

Qui cum alio contrahit vel est vel debet esse non ignarus conditionis ejus : haeredi autem hoc imputari non potest, cum non sponte cum legatariis contrahit.

Celui qui contracte sait ou est censé savoir quelle est la personne avec laquelle il traite ; il n'en est pas de même de l'héritier qui n'a pas contracté lui-même avec les légataires, mais qui se trouve engagé envers eux, non par son propre fait, mais par la volonté du testateur.

OBSERVATIONS.

Pour contracter sans risque, il faut connoître l'état de la personne avec laquelle on traite ; ainsi ce seroit en vain que le créancier allégueroit en sa faveur l'ignorance où il étoit de l'incapacité de celui avec lequel il a contracté. Si, par exemple, il avoit prêté de l'argent à un mineur qu'il croyoit émancipé, à une femme qui n'auroit pas été autorisée de son mari, parce qu'il ignoroit qu'elle fût mariée, il se verroit en danger de perdre sa créance, parce qu'il ne doit imputer qu'à lui-même le peu de soin qu'il avoit eu en con-

tractant. Il n'en est pas de même de l'héritier ;
comme ce n'est pas par son propre fait qu'il se
trouve engagé, il n'est pas toujours sujet à la
peine que le défunt auroit encourue s'il avoit
agi lui-même. Si, par exemple, l'héritier
trouve dans la succession un effet volé, et
qu'il en dispose comme de chose à lui appartenante, il ne sera pas sujet à la punition et ne
pourra être poursuivi comme voleur, à moins
qu'il n'ait eu connoissance du vol ; il sera simplement tenu de restituer la chose volée, ou
au moins le prix de l'effet s'il ne peut le re-
couvrer.

Suivant le même principe, si le défunt avoit
promis de payer à terme fixe à peine de dommages et intérêts, s'il manquoit à son engagement, l'héritier qui ignoroit ce qui s'étoit passé
entre le créancier et son débiteur, obtiendroit
la décharge des dommages et intérêts dans le
cas où il n'auroit pas fait le paiement au jour
indiqué, parce qu'on ne peut lui imputer une
négligence qui ne vient pas de son fait.

§. I.

Non solet exceptio doli nocere his quibus
voluntas testatoris non refragatur.

On ne peut opposer à l'héritier l'exception
de dol, lorsque la volonté du testateur n'est

pas directement opposée à ce qu'il a fait en vertu du testament.

OBSERVATIONS.

Cette règle est appuyée sur le principe qui établit qu'on peut soupçonner de fraude celui qui demande une chose qu'il sait devoir rendre sur-le-champ. Ce principe souffre quelques exceptions; par exemple, je dois cent écus à Titius, Titius me lègue ces cent écus sous condition ; l'héritier de Titius peut exiger de moi ces cent écus en donnant caution qu'il me les rendra si la condition a lieu, et je ne pourrois pas lui opposer l'exception de fraude, parce que le testateur n'a rien écrit qui s'oppose à ma demande.

On peut encore proposer sur cette règle l'exception suivante :

Un testateur fait plusieurs legs en faveur de ses petits fils, et il s'exprime ainsi : *Pardonnez-moi si les dispositions que je fais en votre faveur ne sont pas plus avantageuses ; je vous aurois fait un legs plus considérable si votre père m'avoit rendu ce que je lui avois prêté.* L'héritier ne pourroit former aucune demande contre les légataires à raison de la dette de leur père, parce qu'il agiroit directement contre la volonté du testateur qui est censé avoir fait la remise de ce qui lui étoit dû, en s'exprimant ainsi : « Je n'ai pu me faire payer de vote père ». Loi dernière , parag. premier *de exceptione doli.*

REGLE XX.

Pomponius, lib. 7, ad Sabinum.

Quotiens dubia interpretatio libertatis est , secundum libertatem respondendum erit.

Toutes les fois qu'il y a du doute sur la liberté d'un esclave, il faut toujours se décider en faveur de la liberté.

OBSERVATION.

Cette loi ne peut avoir aucune application parmi nous.

REGLE XXI.

Ulpianus, lib. 27, ad Sabinum.

Non debet cui plus licet , quod minus est non licere.

Qui peut plus peut moins.

OBSERVATIONS.

Cette règle ne peut s'appliquer à tous les cas , car il y a des circonstances où elle ne peut avoir lieu ; nous en donnerons quelques exemples.

Chez les Romains un décurion pouvoit donner le fond qui lui avoit été accordé à titre de
récompense ; il ne pouvoit cependant pas le
vendre.

On peut faire une donation entre-vifs de
tous ses biens ; on ne peut cependant pas disposer de tous ses biens par testament, parce
que la donation testamentaire n'ayant son effet
qu'après la mort du testateur, il risque beaucoup moins en disposant de tous ses biens par
testament, qu'en s'en dépouillant sur-le-champ
par une donation.

Un usufruitier ne peut pas vendre le bien
sur lequel est appuyé son usufruit ; il peut cependant consentir à la vente de ce fond.

REGLE XXII.

Ulpianus, lib. 28, ad Sabinum.

In personam servilem nulla cadit obligatio.

Un esclave ne peut valablement contracter.

§. I.

*Generaliter probandum est ubicumque in
bonae fidei judiciis confertur in arbitrium
domini, vel procuratoris ejus conditio, pro
boni viri arbitrio hoc habendum esse.*

Généralement parlant, toutes les fois que
dans un contrat synallagmatique on s'en est

rapporté à la bonne foi de l'un des contractans ou de son fondé de procuration, on est
censé s'être soumis à l'arbitrage d'un homme
de bien.

OBSERVATIONS.

Cette règle assez obscure, se comprendra
facilement par un exemple.

Je vous vends cette maison, et la vente
n'aura lieu qu'au moment où vous aurez rendu
vos comptes de la manière que je le desire.

Il y a de l'ambiguité dans cette clause, car
il est possible que j'exige dans ces comptes
des choses évidemment injustes. Dans ce cas-
là on ne s'en tient pas strictement à la volonté
du vendeur; mais s'il demande des choses injustes, on s'en rapporte à l'arbitrage d'un
homme de bien, autrement la vente seroit
absolument nulle, puisqu'elle dépendroit de
la volonté du vendeur, ce qui est contraire
aux principes de ce contrat.

Il en est de même si des associés convien-
nent que la part du profit qui revient à chacun d'eux sera fixée par un des associés; cette
clause, s'entend de l'arbitrage que feroit un
homme de bien, c'est-à-dire que l'arbitre sera
tenu d'avoir égard aux services que certains
des associés auront rendus à la société, et aux

fonds que d'autres auront pu verser dans cette
société.

REGLE XXIII.

Ulpianus, lib. 23, ad Sabinum.

Contractus quidam dolum malum dumtaxat
recipiunt, quidam et dolum et culpam. Dolum
tantum, depositum et precarium : dolum et cul-
pam; mandatum, commodatum, venditum,
pignori acceptum, locatum; item dotis datio,
tutelae, negotia gesta, (in his quidem et
diligentiam), societas et rerum communio
et dolum et culpam recipit; sed haec ita, nisi
quid nominatim convenit vel plus, vel minus
in singulis contractibus, nam hoc servabitur
quod initio convenit, legem enim contractus
dedit, excepto eo quod Celsus putat non
valere si convenerit ne dolus praestetur, hoc
enim bonae fidei judicio contrarium est, et
ita utimur. Animalium vero casus, mortes,
quaeque sine culpâ accidunt, fugae servorum
qui custodiri non solent, rapinae, tumultus,
incendia, aquarum magnitudines, impetus
praedonum à nullo praestantur.

Il y a des contrats dans lesquels on garantit
simplement la fraude, d'autres dans lesquels
on est responsable de la fraude et de la négligence; le dépôt et le précaire sont dans le

premier cas; le mandat, le prêt d'usage, la
vente, le gage, le contrat de louage, la cons-
titution de dot et la tutelle sont dans le second
cas. La société et la mise en commun sont sujettes à la garantie de la fraude et de la négligence; et en général l'on peut convenir que
cette garantie s'étendra plus ou moins quant à
la négligence, car il faut observer dans les
conventions ce dont on est convenu, puisque
c'est la convention qui fait foi, excepté dans
le cas où, comme le dit Celse, on seroit convenu qu'on ne garantiroit pas la fraude, car
cette clause est absolument contraire au contrat de bonne foi, et c'est la règle que nous
suivons. La mort des animaux, la fuite des esclaves, le vol, l'incendie, les inondations
et les autres cas fortuits qui ne dépendent pas
des contractans, ne font point partie de cette
garantie.

OBSERVATIONS.

Cette loi expose en peu de mots tous les
principes sur lesquels sont appuyées les règles
établies par les lois, sur ce que chacun des
contractans est tenu de garantir d'après les
conventions faites entre eux. Mais pour entendre parfaitement les principes qu'elle expose, il est bon de savoir ce qu'on entend par
les mots *dol*, *faute* et *cas fortuit*.

Le dol est une ruse, une adresse frauduleuse dont on se sert pour tromper quelqu'un. Il n'y a pas de contrat où l'on ne soit tenu de garantir la fraude, ensorte qu'une convention dans laquelle on consentiroit à ne point la garantir, ne seroit pas valable, parce qu'une telle convention seroit contraire aux bonnes mœurs et inviteroit à faire le mal. Cela n'empêche cependant pas qu'on ne puisse transiger sur un fait passé où la fraude auroit eu lieu, et qu'on ne puisse remettre l'action qui en proviendroit. Loi 154, parag. 2, au digeste *de pactis*.

La faute est une négligence ou impéritie qui nuit à quelqu'un, il y en a de trois sortes, savoir, la faute lourde et grossière, la faute légère et la faute très-légère.

L'on appelle faute grossière, une négligence impardonnable ou une ignorance crasse. Cette faute n'est pas à proprement parler un dol, parce qu'elle n'est pas accompagnée de la volonté de nuire, mais elle en approche, c'est ce qui fait que dans les contrats elle est considérée comme le dol.

La faute légère est celle qu'un homme ne commettroit pas pour peu qu'il fut soigneux, comme si l'on avoit mis une chose de prix dans un endroit qui n'étoit pas à la vérité, ouvert à tout le monde, mais à plusieurs personnes, et que la chose eut été égarée.

La faute très légère est celle qu'on éviteroit en employant le plus grand soin, comme si j'avois enfermé sous une bonne serrure, la chose qui m'est confiée, et qu'un voleur l'enlève après avoir crocheté la serrure.

Nous ne nous étendrons pas sur les contrats dans lesquels on garantit ces sortes de négligences, la règle que nous avons exposée ci-dessus les explique suffisamment; nous nous contenterons seulement de proposer quelques exceptions aux dispositions générales qu'elle contient, pour chacun de ces contrats.

Quoiqu'en général le dépositaire ne soit tenu que du dol, s'il avoit été payé pour se charger du dépôt, il seroit tenu de la faute légère, mais s'il s'étoit présenté sans en être requis pour obtenir la garde du dépôt, ou que le dépôt n'eut été fait qu'en sa faveur, il seroit tenu de la faute la plus légère.

Le mandataire est tenu de s'acquitter de la commission dont il s'est chargé, avec le plus grand soin, parce qu'il doit s'imputer de s'être chargé d'une affaire qui ne le regardoit pas, et que celui dont il reçoit la procuration, ne l'en auroit pas chargé, s'il n'eut compté sur son exactitude et son industrie.

Il n'en est pas de même du tuteur qui n'est tenu que de la faute légère ; car, quoiqu'on le compare quelquefois au mandataire, il y a cette différence entre eux, que rien n'oblige le mandataire à se charger des affaires d'autrui, aulieu que le tuteur est forcé de prendre son administration, et qu'il seroit dur d'exiger la garantie de la faute la plus légère, d'un homme qui se trouve chargé malgré lui d'une administration.

L'emprunteur garantit la faute la plus légère, le prêt étant absolument en sa faveur, puisque ce contrat est purement gratuit.

Il y a cependant des cas où l'emprunteur n'est tenu que de la faute légère, si par exemple, le prêt étoit fait en sa faveur et en celle du prêteur, comme si je vous avois prêté de l'argenterie pour un repas que nous donnons en commun.

Il faut bien distinguer celui qui a reçu précairement une chose, de celui qui l'a empruntée. Dans le précaire, on n'est tenu que du dol et de la faute la plus grossière, parce que dans le précaire, le propriétaire est le maître de retirer ses effets quand il veut, et que dans le prêt, on est obligé de les laisser entre les mains de l'emprunteur, tout le tems dont on est convenu.

Lorsque

Lorsque les deux contractans retirent un égal avantage du contrat, on n'est tenu que de la faute légère, comme dans le gage, la vente, le louage et la société. Voyez sur les autres exceptions dont ces règles sont susceptibles, POTHIER dans son traité des obligations.

RÈGLE XXIV.

Paulus, lib 5, ad Sabinum.

Quatenus cujus interest, in facto, non in jure consistit.

Les dommages et intérêts que l'on peut exiger, s'estiment plutôt par le fait que par le droit.

OBSERVATIONS.

Voici le sens de cette règle. Toutes les fois qu'il s'élève une question sur les dommages et intérêts qu'on a droit d'exiger, il faut avoir recours au fait, et c'est au demandeur à prouver la validité de sa demande. La loi ne pouvant donner des règles fixes pour estimer la valeur de ces dommages et intérêts, puisque cette valeur dépend de diverses circonstances qui peuvent changer à chaque instant.

On appelle *interesse* en droit, tout dommage que l'on souffre de la part du débiteur,

D

soit par sa faute, soit par le retard qu'il a mis à l'exécution de la convention.

C'est au juge à estimer à quoi peut monter ce dommage d'après les preuves qu'il aura pu se procurer, ou à défaut de preuves d'après le serment de celui qui se trouve lésé.

RÈGLE XXV.

Pomponius, lib. 11, ad Sabinum.

Plus cautionis est in re quam in personâ.

Il y a plus de sûreté dans la chose que dans la personne.

OBSERVATIONS.

Cette règle est claire et n'a pas besoin d'explication, cependant, il est bon de remarquer la différence qui se trouve entre l'action ou l'obligation réelle et l'obligation personnelle.

L'obligation réelle donne au créancier le droit de poursuivre la chose qui lui a été engagée. Ce qui rend la condition du créancier hypothécaire beaucoup plus avantageuse que celle du créancier chyrographaire qui ne peut exercer son action, que contre la personne du débiteur. Le créancier hypothécaire, si l'on vient à discuter les biens du débiteur, est payé suivant la date de sa créance, le créancier chyrographaire, au contraire, vient seulement au marc la livre avec tous les autres créanciers, sans avoir égard à la date de leurs billets.

Il faut en excepter les créanciers privilégiés qui sont préférés à tous les autres, tels que le vendeur d'un fond pour le paiement du prix qu'il n'a pas encore reçu ou le premier saisissant, etc.

RÈGLE XXVI.

Ulpianus, lib. 3o, ad Sabinum.

Qui potest invitis alienare, multo magis et ignorantibus et absentibus potest.

Celui qui peut aliéner malgré le propriétaire lorsqu'il est présent, peut à plus forte raison le faire lorsqu'il est absent ou qu'il ignore l'aliénation.

OBSERVATIONS.

Il est inutile d'attendre la présence d'un tiers, lorsqu'on peut faire un acte, même malgré lui. Pour rendre cette règle plus claire, nous allons en donner un exemple. Je possédois un fond par indivis avec mon frère. Pendant son absence, je vends la part qui m'appartient. Mon frère étant de retour, demande la nullité de la vente et offre à l'acheteur de lui rendre le prix qu'il a donné. Il

D 2

ne sera pas écouté, parce qu'il est de principe, qu'un associé peut aliéner la possession de la chose qui lui est commune avec un autre, malgré son associé ; à plus forte raison peut-il le faire en son absence. S'il est impossible ou difficile d'aliéner une chose commune, on peut l'adjuger entière à l'un des propriétaires, soit par sentence du juge, soit par une licitation faite à l'amiable, à la charge que l'adjudicataire paiera à chacun des autres, la valeur de leur portion.

Ce que l'on dit ici de l'aliénation, peut s'étendre à tous les actes que l'on peut faire malgré celui qui y est intéressé, mais il faut restreindre cette faculté au cas où ce tiers, quand même il eut été présent, n'auroit pas eu le pouvoir d'infirmer l'acte passé en son absence.

REGLE XXVII.

Pomponius, lib. 16, ad Sabinum.

Nec ex praetorio nec ex solemni jure privatorum conventione quicquam immutandum est : quamvis obligationum causae pactione possint immutari et ipso jure et per pacti conventi exceptionem : quia actionum modus vel lege vel per praetorem introductus, privatorum pactionibus non infirmatur ; nisi tunc cùm inchoatur actio inter eos convenit.

On ne peut changer par des conventions particulières la forme établie par la loi ou par le préteur pour la validité du contrat ; mais on peut en changer la clause par convention entre les parties, parce que la forme établie par la loi pour la formation des contrats, ne peut être altérée par la volonté des contractans ; mais au moment où l'on contracte, on peut convenir de ne pas suivre à la rigueur, ce qui peut résulter de l'obligation.

OBSERVATIONS.

C'est un principe certain, que ce qui a été établi par la loi, ne peut être changé par la volonté des contractans. Ainsi, la faculté de tester, appartient à chaque citoyen ; on ne peut donc pas par une convention particulière, lui interdire cette faculté.

Il faut observer que tous les contrats ont reçu de la loi une forme dont on ne peut s'écarter, et qu'on ne peut altérer ce qui en fait la substance, sans rendre l'obligation nulle de plein droit. De-là il suit qu'un contrat de vente seroit nul, s'il ne contenoit pas la fixation du prix. Il en seroit de même d'un bail qui ne feroit pas mention du prix convenu, d'un acte de société où l'on auroit négligé de parler

D 3

de la mise en communauté, etc., parce que toutes ces choses composent la substance du contrat qui sans elles ne peut subsister.

Il y a des choses qui quoiqu'inhérentes au contrat, n'en forment cependant pas la substance. Ainsi, quoique régulièrement le vendeur soit tenu de garantir sa vente, on peut convenir qu'il ne sera pas garant de l'éviction.

RÈGLE XXVIII.

Ulpianus, lib. 36, ad Sabinum.

Divus Pius rescripsit eos qui ex liberalitate conveniuntur, in id quod facere possunt condemnandos.

L'empereur Antonin-le-Pieux, a déclaré dans un rescrit que ceux contre lesquels on intente une action résultante de la libéralité qu'ils ont exercée envers un citoyen, ne doivent pas être tenus de payer au-delà de leurs facultés.

OBSERVATIONS.

Il y a des obligations en vertu desquelles on peut demander à la rigueur tout ce qui y est contenu, d'autres où le débiteur n'est tenu de payer que selon ses facultés. Par exemple, un homme a promis de donner mille écus en dot à Sempronie; il tombe dans la pauvreté avant de fournir les mille écus. Peut on rendre le mari responsable du retard qu'on a mis à la poursuite du donateur pour le forcer à lui livrer sur-le-champ la somme qu'il avoit promise? non certainement, parce qu'on ne doit pas forcer un donateur à vuider ses mains au moment du contrat, et que quand même il eut été poursuivi, il n'auroit été tenu de remplir son obligation, qu'en proportion de ses facultés.

On peut mettre de ce nombre celui qui a mis tous ses biens en société, un père qui s'est engagé pour ses enfans, un mari lorsqu'il s'agit de la répétition de la dot, etc.; mais il y a cette différence entre ceux-ci et le donateur, qu'on le traite avec plus d'égards; car il peut avant de livrer ce qu'il a promis, déduire ce qu'il doit à ses créanciers et ensuite ce qui lui est nécessaire pour sa subsistance, mais les autres doivent donner caution qu'ils paieront tout ce à quoi ils sont engagés, dans le cas où ils se trouveront par la suite en état de le faire; et dans les biens qui leur restent, on déduit encore les dettes privilégiées, comme ce qu'ils doivent au trésor public, les frais funéraires, etc.

Si cependant le donateur avoit payé ce qu'il doit en vertu de sa donation, il ne pourroi pas demander qu'on lui remit ce qu'il a donné, sous prétexte que depuis le moment de la donation, il se trouve réduit à la pauvreté.

Il en est de même des héritiers du donateur qui ne peuvent user de ce privilège, parce que ce privilège est inhérent à la personne et qu'il ne s'étend pas à d'autres.

Il faut encore remarquer que ce privilège n'a lieu que dans les donations pures et simples, et non pas dans celles qui sont appuyées sur un motif de justice, parce que ces sortes de donations sont plutôt des récompenses que de véritables donations; car alors elles ne sont pas sujettes au retranchement, à moins qu'il n'y ait une grande disproportion entre la valeur de la chose donnée et le motif pour lequel on a fait la donation.

RÈGLE XXIX.

Paulus, lib. 8, ad Sabinum.

Quod ab initio vitiosum est, non potest tractu temporis convalescere.

Le tems ne peut jamais valider un acte qui est vicieux dans son principe.

OBSERVATIONS.

Cette règle s'applique aux testamens et aux conventions.

Un testament fait par un mineur ou un interdit, ne vaut pas quand même ils seroient morts, l'un après avoir atteint l'âge de tester, et l'autre après avoir obtenu la lib e administration de ses biens.

Il en seroit de même si l'on m'avoit légué par testament une chose qui m'appartenoit ; le legs ne seroit pas valide quand même j'aurois dans la suite aliéné la chose qui m'avoit été léguée.

Dans les conventions si j'ai stipulé une chose qui n'est pas dans le commerce, par exemple, un bien appartenant à la république, la convention est nulle, quand même la chose stipulée auroit été aliénée depuis le moment de la convention, en vertu d'une loi.

Il faut remarquer qu'il y a des cas où la vente d'une chose dont l'aliénation n'étoit pas permise, peut avoir son effet lorsque la cause qui mettoit obstacle à sa vente vient à cesser. Par exemple, si j'ai acheté les biens d'un mineur sans avoir obtenu une sentence qui confirme l'aliénation, cette vente sera valide si le mineur ayant atteint sa majorité la ratifie.

Si de deux ou plusieurs propriétaires d'un fond commun, l'un d'eux m'accorde un droit de passage dans ce fond sans le consentement des autres, cette concession m'est inutile,

puisque celui qui m'a accordé cette servitude
ne pouvoit pas le faire sans le consentement
des intéressés ; cependant si dans la suite les
autres propriétaires m'accordent le même
droit, cette nouvelle concession fait valoir la
première, et s'il y en a eu plusieurs faites en
différens tems, elles recevront toutes leur validité de la dernière, parce que tous ces actes
sont en suspens, et c'est le dernier qui fait
valoir les autres.

Cette règle ne peut s'appliquer aux legs ou
aux conventions faites sous condition, parce
que dans les legs ou conventions conditionnels
la chose n'est due qu'à dater du jour où la
condition est arrivée.

RÈGLE XXX.

Ulpianus, lib. 36, ad Sabinum.

*Nuptias non concubitus, sed consensus
facit.*

C'est le consentement des contractans qui
fait le mariage et non pas la cohabitation.

OBSERVATION.

Cette loi est si claire qu'elle n'a pas besoin
d'explication ; nous observerons seulement
qu'il faut pour la validité du mariage, que
le consentement soit libre et qu'il soit donné

selon les formes établies par les lois. Ainsi un fils de famille qui auroit contracté mariage sans le consentement de son père, ne peut pas être censé avoir donné son consentement, et le mariage seroit nul parce que son consentement devoit être appuyé sur celui du père, Il en seroit de même si le consentement n'avoit pas été donné suivant les formes prescrites par la loi.

RÈGLE XXXI.

Ulpianus, lib. 42, ab Sabinum,

Verum est neque pacta , neque stipulationes factum posse tollere : quod enim impossibile est , neque pacto neque stipulatione potest comprehendi , ut utilem actionem aut factum efficere possit.

Il est certain qu'on ne peut pas par une convention stipuler sur un fait comme si la chose n'étoit pas arrivée , car on ne peut établir une convention sur une chose impossible, et une pareille convention ne produiroit aucun effet.

OBSERVATION.

Naturellement on ne peut empêcher que ce qui est fait ne le soit pas. Par exemple, je vous ai vendu un esclave , et j'ai garanti sa probité.

Si cependant cet esclave est un voleur ou un fripon, je ne suis pas tenu de vous le livrer honnête, parce que je ne puis pas faire qu'un fripon soit un honnête homme ; mais je suis obligé de vous dédommager de la perte que vous éprouvez par mon fait, et de vous tenir compte de ce que vous avez payé au-dessus de l'estimation à laquelle auroit été fixée la vente d'un fripon. En un mot, vous pouvez demander des dommages et intérêts qui seront estimés par des arbitres qui jugeront ce que vous avez perdu par la confiance que vous avez mise en mes promesses. Cet exemple peut s'appliquer à une infinité d'espèces semblables.

RÈGLE XXXII.

Ulpianus, lib. 43, ad Sabinum.

Quod attinet ad jus civile, servi pro nullis habentur : non tamen et jure naturali ; quia quod ad jus naturale attinet, omnes homines aequales sunt.

Quant à ce qui regarde le droit civil, les esclaves sont regardés comme nuls ; il n'en est pas de même selon le droit naturel qui considère tous les hommes comme étant absolument égaux.

OBSERVATION.

Cette loi n'est d'aucun usage parmi nous,

puisque nous ne connoissons point d'esclaves, et que la plus parfaite égalité doit régner entre tous les citoyens.

RÈGLE XXXIII.

Pomponius, lib. 22, ad Sabinum.

In eo quod, vel is qui petit, vel is à quo petitur lucri facturus est, durior est causa petitoris.

Quand il s'agit de l'avantage que peuvent retirer d'une demande faite en justice, ou le demandeur ou le défendeur, la cause du demandeur est toujours la moins favorable.

OBSERVATIONS.

Dans toutes les actions, le demandeur est toujours traité moins favorablement que le défendeur ; ainsi lorsqu'il y a de l'obscurité dans une demande, celui qui la forme est tenu de l'appuyer sur des preuves certaines, et s'il ne peut parvenir à fournir ces preuves, il succombe dans sa demande.

Si deux donataires allèguent en leur faveur une donation faite à leur profit, celui qui est en possession de la chose est préféré à l'autre. Loi 15, au code *de reivindicatione in fine.*

Si l'on abandonne pour sûreté d'une convention la même chose à titre de gage, et que cet abandon ait été fait dans le même tems à deux personnes différentes, on prononcera en faveur de celui qui sera en possession de la chose. Loi 10, au digeste *de pignoribus.*

Si l'on a donné une somme ou tout autre effet à une femme prostituée, pour jouir de ses faveurs, on ne peut pas en obtenir la restitution, parce que les deux parties étant également coupables, la femme qui est en possession a le droit de retenir ce qu'on lui a donné ; parce que, comme dit le jurisconsulte, elle a tort de se prostituer, mais elle a droit de recevoir, comme prostituée. Loi 4', au digeste *de condictione ob turpem causam.*

R E G L E X X X I V.

Ulpianus, lib. 45, ad Sabinum.

Semper in stipulationibus et in cæteris contractibus id sequimur quod actum est, aut si non apparet quod actum est, erit consequens ut id sequamur quod in regione in quâ actum est frequentatur. Quid ergo si neque regionis mos appareat, quia varius fuit, ad id quod minimum est redigenda summa est.

Nous nous attachons toujours à suivre dans les conventions l'intention des contractans. Si cette intention n'est pas clairement exprimée,

nous suivons ce qui est pratiqué le plus fré-
quemment dans le pays où l'acte a été passé ;
mais si l'usage de ce pays varie de manière
qu'on ne puisse porter un jugement certain
sur cet usage, on fixera au plus bas la somme
portée dans la convention.

OBSERVATIONS.

On suit toujours l'intention des contractans
lorsque cette intention est prouvée, soit par
écrit, soit par d'autres moyens ; mais si l'on
ne peut découvrir par les actes passés entre
les contractans quelle a pu être précisément
leur intention, il faut s'arrêter à ce qui paroît
le plus vraisemblable ; il faut examiner la nature du contrat, la qualité de la chose et la
condition de la personne. Par exemple, si je
vous ai prêté du vin vieux et que la promesse
porte que vous me rendrez du vin, c'est du
vin vieux que vous êtes censé m'avoir promis.

Si en matière d'éviction vous vous êtes soumis à me dédommager sans exprimer la somme
que vous devez me payer, cette somme sera
déterminée suivant la coutume du lieu où le
contrat est passé ; de même, si dans un bail
on n'a pas spécifié d'une manière certaine le
prix du bail, ce prix sera fixé sur celui des
années précédentes.

Mais il ne faut pas donner trop d'extension aux termes dont on s'est servi. Par exemple, si dans un legs de meubles meublans, le légataire y prétendoit comprendre les provisions de bouche, l'argent monnoyé, les billets, etc. sous prétexte que ces choses sont mobiliaires, on ne seroit pas écouté, parce que, suivant l'opinion commune, le mot *meuble meublant* ne s'entend point de ces sortes de choses.

REGLE XXXV.

Ulpianus, lib. 48, ad Sabinum.

Nihil tam naturale est quam eo genere quidque dissolvere quo colligatum est : ideò verborum obligatio verbis tollitur, nudi consensus obligatio contrario consensu dissolvitur.

Il n'y a rien de si naturel que de dissoudre une obligation de la même manière qu'elle a été contractée ; ainsi la stipulation qui se fait par l'interrogation du créancier et la réponse du débiteur, s'éteint par une déclaration verbale qui détruit la promesse du contractant. Un contrat qui se fait par le seul consentement des parties, se détruit par un consentement contraire au premier.

OBSERVATIONS.

Cette règle est fort en usage dans tous les contrats ;

contrats ; cependant il ne faut pas l'admettre sans distinction. Dans le contrat de vente, par exemple, qui se fait par le seul consentement des parties, le seul consentement des contractans ne suffit pas pour en opérer la dissolution, si ce consentement a été suivi de la tradition, car alors les choses ne sont plus entières, et il faut, outre l'aveu des contractans, que la chose soit remise au même état où elle étoit avant le contrat.

Il y a des cas où le consentement d'une seule des parties suffit pour annuller la convention, et cela a lieu dans la société et le mandat. Dans ces contrats, tant que la chose est entière, la volonté d'un seul des contractans suffit pour en opérer la dissolution, parce qu'alors aucun des contractans n'est spécialement intéressé à l'accomplissement de la convention.

La forme de la stipulation n'est pas en usage parmi nous ; il faudroit prouver par témoins que les contractans ont promis telle ou telle chose ; mais, suivant l'ordonnance de Moulins, cette preuve par témoins n'est point admise au-dessus de cent francs.

RÈGLE XXXVI.

Pomponius, lib. 27, ad Sabinum

Culpa est immiscere se rei ad se non pertinenti.

E

On est en faute lorsqu'on s'ingère dans une affaire dans laquelle on n'a aucun intérêt.

Observations.

Celui qui sans en être chargé s'ingère dans les affaires d'autrui, s'expose à supporter seul la peine de son imprudence; ainsi si je me présente en jugement pour un mineur sans avoir des pouvoirs suffisans, le mineur ayant été condamné, les frais retombent sur moi. Il en est de même si je me mets en possession d'un bien délaissé par le propriétaire, sans y avoir été autorisé par le juge, je me rends coupable d'invasion, et je suis tenu aux dommages et intérêts résultans de cette invasion, parce que je ne devois pas ignorer que ce terrain appartenoit nécessairement à quelqu'un.

On peut encore appliquer cette règle aux médecins qui entreprennent de guérir des malades sans connoître les principes de leur art, aux défenseurs soi-disant officieux qui sans avoir la moindre connoissance des loix, se chargent de la défense d'autrui. Dans tous ces cas, les lois romaines prononçoient des peines qu'il seroit fort utile d'établir parmi nous.

Il faut excepter de cette règle ceux qui par humanité se chargent des affaires d'un absent. Si leur gestion a procuré quelqu'avantage à l'absent, rien n'empêche qu'ils ne puissent se pourvoir pour obtenir le remboursement des frais qu'ils auront faits pour procurer à l'absent les avantages qu'il retire de leur gestion. Loi 2, au digeste *de negotiis gestis.*

REGLE XXXVII.

Ulpianus, lib. 51, ad Sabinum.

Nemo, qui condemnare potest, absolvere non potest.

Celui qui a le pouvoir de condamner à le droit d'absoudre.

OBSERVATION.

Cette règle est si claire, qu'il n'est pas besoin que nous nous y arrêtions.

REGLE XXXVIII.

Pomponius, lib. 29, ad Sabinum.

Sicuti pœna ex delicto defuncti haeres teneri non debeat, ita nec lucrum facere si quid ex eâ re ad eum pervenisset.

L'héritier n'étant pas responsable d'un délit qui étoit personnel au défunt, il ne peut par la même raison, profiter des avantages que le défunt a pu recueillir de ce délit.

OBSERVATIONS.

C'est un principe, que la punition cesse à

la mort du coupable; l'héritier n'y est donc
pas sujet, mais il ne doit pas non plus profiter des avantages que le défunt s'est procuré
par son crime. Ainsi, quoiqu'on ne puisse
poursuivre extraordinairement un héritier à
l'effet de lui faire subir la punition que méri-
toit le défunt relativement à son crime; on
peut cependant le poursuivre à raison de ce
que le défunt avoit obtenu en vertu de ce
délit.

Il n'en est pas de même des contrats. L'héritier est tenu de réparer les dommages occasionnés par la fraude du défunt, quand même
il n'en auroit retiré aucun profit, parce qu'il
ne s'agit pas là de punition, mais de réparation
civile qui tombe sur l'héritier. Voy. la loi 7,
parag. premier, au digeste *depositi*.

REGLE XXXIX.

Pomponius, lib. 31, ad Sabinum.

*In omnibus causis pro facto accipitur id in
quo per alium morae fit quominus fiat.*

On n'est pas censé en demeure, toutes les
fois que par le fait d'autrui on n'a pas pu remplir la convention.

OBSERVATIONS.

Il est certain qu'une condition est censée

accomplie toutes les fois que le débiteur peut prouver qu'il n'a pas dépendu de lui qu'elle ne s'exécutât; ainsi si j'ai fait un legs à condition que le légataire donneroit 300 francs à Titius, et que Titius refuse les 300 francs, la condition est censée accomplie, parce que son accomplissement ne dépendoit pas de ma volonté. Ceci doit s'entendre d'une condition qui dépende de la volonté d'une personne désignée par le testateur; car si par des cas fortuits ou par le fait d'un tiers la condition venoit à manquer, elle est censée n'avoir pas existé et le legs seroit caduc. On peut même dire que si celui qui étoit chargé d'accomplir une condition peut prouver qu'il n'a pas été en son pouvoir d'exécuter ce qui lui étoit prescrit, par la violence ou par une crainte bien fondée, ce défaut d'exécution ne peut lui nuire. Je dis *une crainte bien fondée*, comme le danger de perdre la vie ou d'essuyer de mauvais traitemens, car une crainte vaine ne lui serviroit pas d'excuse.

RÈGLE XL.

Pomponius, lib. 34, ad Sabinum.

Furiosi vel ejus cui bonis interdictum est, nulla voluntas est.

Un fou ou un interdit n'ont point de volonté.

E 3

OBSERVATIONS.

La folie ne suffit pas pour annuller de plein droit les actes faits par celui qui a perdu le bon sens; il est nécessaire pour cet effet qu'il y ait une sentence qui lui interdise l'administration de ses biens, et jusque-là il peut contracter, mais le curateur qui lui sera donné par la sentence d'interdiction, demandera la nullité des actes qu'il a passés, en prouvant qu'au moment où il a contracté, il ne jouissoit pas de son bon sens.

Le jurisconsulte compare dans cette règle le prodigue à l'insensé; il y a cependant cette différence entre eux, que l'interdit pour cause de prodigalité est censé capable de crimes lorsqu'il les a commis, parce que l'incapacité dont il est frappé, ne regarde que l'aliénation de ses biens, mais ne l'empêche pas de discerner le bien d'avec le mal, et il seroit sujet à la même punition qu'il éprouveroit s'il n'étoit pas interdit. Il peut même contracter des obligations à son profit, ou les renouveler toutes les fois que cette novation lui est avantageuse; l'insensé, au contraire, n'est pas censé coupable d'un crime qu'il auroit commis, et il ne peut contracter aucune obligation, même à son avantage.

REGLE XLI.

Ulpianus, lib. 26, ad Edictum.

Non debet actori licere quod reo non permittitur.

Ce qui n'est pas permis au demandeur, ne peut pas l'être au défendeur.

OBSERVATION.

L'équité exige que le demandeur et le défendeur soient traités également, de sorte que ce qui n'est pas permis à l'un ne peut pas l'être en faveur de l'autre. Le serment, par exemple, peut être déféré par la partie adverse au demandeur, et celui-ci peut le déférer également au défendeur, et chacun d'eux tire le même avantage de son affirmation, savoir une exception que l'on peut opposer en tout tems et qui a autant de force qu'un jugement définitif.

§. I.

In re obscurâ melius est favere repetitioni quàm adventitio lucro.

Lorsqu'il y a du doute, on se détermine plutôt en faveur de celui qui est en danger de perdre, que de celui qui doit retirer un profit certain de la demande qu'il a formée.

E 4

OBSERVATION.

Régulièrement toutes choses doivent être égales entre le demandeur et le défendeur ; mais s'il y a du doute dans l'affaire ; si, par exemple, un héritier, sans avoir bien examiné si la succession étoit suffisante pour satisfaire les créanciers, avoit payé les legs, et que par l'événement il ne lui restât plus de quoi payer les dettes, il est responsable de son fait envers les créanciers qui peuvent le mettre en cause et poursuivre les légataires pour les forcer à rendre ce qu'ils ont reçu à titre lucratif au préjudice des créanciers qui ont un titre onéreux.

REGLE XLII.

Gaïus, lib. 9, ad edictum provinciale.

Qui in alterius locum succedunt justam habent causam ignorantiae an id quod peteretur deberetur ; fidejussores quoque non minus quàm haeredes justam ignorantiam possunt allegare.

Haec ita de haerede dicta sunt si cum eo agatur, non etiam si agat, nam planè qui agit certus esse debet, cum sit in potestate ejus quando velit experiri et ante debet diligenter rem explorare et tunc ad agendum procedere.

Ceux qui succèdent à un autre peuvent alléguer en leur faveur l'ignorance où ils étoient
que ce qu'on leur demande fût véritablement
dû ; les cautions sont dans le même cas. Ceci
regarde l'héritier contre lequel on forme une
demande ; mais si c'est lui qui se présente en
jugement pour la former, il ne peut se servir
du même prétexte, puisqu'il est en son pouvoir de former cette demande ou de s'en abstenir, et qu'il ne doit se présenter en jugement qu'après avoir examiné sérieusement s'il
est véritablement dans le cas de se pourvoir.

OBSERVATIONS.

On peut supposer avec justice qu'un homme
ignore un fait qui lui est absolument étranger,
et cette ignorance ne peut lui être nuisible ;
ainsi un héritier qui refuseroit de payer parce
qu'il ignore que la dette provient d'un fait
qui ne lui est pas personnel, n'est pas véritablement en demeure et ne doit pas supporter
les dépens. Il en est de même si l'héritier
vendoit comme un effet de la succession,
une chose que le défunt ne possédoit qu'à titre
de dépôt ou de prêt ; il ne seroit tenu qu'au
simple paiement de la valeur de la chose qu'il
a vendue, parce qu'on ne peut pas supposer
de fraude de sa part.

Ce qu'on dit ici de l'héritier ne peut s'appliquer à l'héritier qui intente lui-même une action, parce que celui qui a fait une demande doit être certain qu'il a le droit de poursuivre et ne doit pas poursuivre mal-à-propos un homme qui ne doit rien.

REGLE XLIII.

Ulpianus, lib. 28, ad Edictum.

Nemo ex his qui negant se debere, prohibetur etiam aliâ defensione uti, nisi lex impedit.

Un débiteur qui nie simplement sa dette, peut encore proposer d'autres explications, à moins que la loi ne s'y oppose.

OBSERVATIONS.

La cause du défendeur est toujours considérée favorablement. Il peut donc proposer plusieurs exceptions pour se mettre à couvert des poursuites qu'on fait contre lui. Ainsi, un débiteur qui allègue en sa faveur le serment qu'il a fait en justice qu'il ne devoit rien, peut encore, se servir d'autres exceptions. Il peut, par exemple, alléguer la sentence du juge, il peut opposer une transaction, il peut même opposer qu'il a acquis par le moyen de la prescription la chose qu'on lui demande,

et que dans le cas où la prescription ne se‑
roit pas admise, il se réserve de prouver que
la chose contestée lui appartient. S'il doute
de l'intention du demandeur, il peut d'abord
nier qu'il doive réellement, et se réserver le
droit de le prouver.

Il y a cependant des cas où la loi ne per‑
met pas au défendeur de proposer plusieurs
exceptions. Si, par exemple, un homme mé‑
connoît sa propre signature, il est condamné
s'il succombe, et il n'est pas admis si après
cette dénégation il demande à prouver qu'il
a payé la somme pour laquelle il est pour‑
suivi. Celui qui commence par nier que le
gage qu'on lui demande appartient au créan‑
cier n'est pas admis, si après cela il veut
prouver qu'il avoit sur l'objet réclamé une
hypothèque antérieure. Voyez l'authentique
idem possessa au code, *qui potiores in pi‑
gnore,* etc.

§. I.

*Quotiens concurrunt plures actiones ejus‑
dem rei nomine, unâ quis experiri debet.*

Lorsque l'on a plusieurs actions pour pour‑
suivre son droit, on doit s'en tenir à une seule.

OBSERVATION.

Il n'est pas douteux, que lorsqu'à raison

de la même cause, on peut exercer plusieurs actions, il faut s'en tenir à celle qui paroît la plus certaine, parce qu'il n'est pas permis de les cumuler, mais il s'agit de savoir si l'on peut varier. Si par la première action on a obtenu sa demande, la seconde est inutile. mais si dans le cours du procès on s'apperçoit qu'on n'a pas lieu d'espérer un heureux succès au moyen de l'action dont on s'est servi, on peut se départir de la première, si l'on a signifié que l'on n'entend pas se départir des autres moyens de droit que l'on peut avoir.

REGLE XLIV.

Ulpianus, lib. 29, ad Edictum.

Totiens in haeredem damus de eo quoð ad eum pervenit, quotiens ex dolo defuncti convenitur, non quotiens ex suo.

Un héritier n'est tenu de réparer le dommage causé par la fraude du défunt qu'en proportion du profit qu'il a retiré de cette fraude, il n'en est pas de même s'il s'agit de son propre fait.

OBSERVATION.

Cette règle a une connexion évidente avec la règle XXXVIII. Nous n'ajouterons qu'un mot sur ce que nous avons dit ci-dessus. Ou la fraude a été commise dans quelque convention faite par le défunt, dans quelque malversation en fait de tutelle, dans la garde d'un dépôt, etc. alors l'héritier est tenu pour le tout envers les personnes intéressées, parce que dans les contrats, l'héritier représente la personne du défunt; ou la fraude est accompagnée d'un délit, tel que le vol, la concussion, etc. et alors l'héritier n'est tenu qu'en proportion du profit qu'il a retiré à raison de ce délit.

REGLE XLV.

Ulpianus, lib. 30, ad Edictum.

Neque pignus, neque depositum, neque precarium, neque emptio neque locatio rei suae consistere potest.

Nous ne pouvons recevoir valablement à titre de gage, de dépôt, de précaire ou de location, une chose qui nous appartient

OBSERVATIONS.

Ce qui est à nous, nous ne pouvons l'acquérir par un nouveau titre, puisque la propriété est le plus beau droit que nous puissions avoir sur une chose. Ainsi, si j'ai affermé au propriétaire son propre fond que j'avois commencé à acquérir par la prescription, la prescription est interrompue, parce que la prescription n'étant fondée que sur la possession, le fermier qui est en même tems propriétaire, ne peut conserver le droit de possession que j'avois, le titre de location que je lui avois transmis, étant absolument nul en sa personne.

Si j'acquiers la propriété d'une chose que j'avois reçue en gage, le gage ne subsiste plus. Il n'en est pas de même de la possession ; il est possible que je l'acquière du détempteur, parce que la possession est une chose distincte et séparée de la propriété.

On peut aussi acquérir une chose dont on est propriétaire, à condition que si cette chose cesse de nous appartenir elle sera vendue. Je puis aussi affermer un bien qui m'appartient si je le fais sciament, parce qu'alors je suis censé avoir abandonné ma propriété pour devenir un simple locataire.

Il est possible, cependant, qu'un propriétaire tienne son bien à titre de précaire. Si, par exemple, j'avois donné un effet à moi appartenant en gage, je puis engager le créancier à me le prêter pour un tems, mais cette remise faite de la part du créancier n'opère pas la nullité du gage qui ne s'éteint que par le paiement de la dette.

§. I.

Privatorum conventio juri publico non derogat.

On ne peut, par une convention particulière, déroger au droit public.

OBSERVATION.

Par le droit public, on entend le droit commun. Ce droit qui est établi pour l'utilité générale, ne peut être détruit ou changé par des conventions particulières. Ainsi, un mari qui auroit donné à sa femme certains objets et qui se seroit engagé à ne jamais redemander ces mêmes objets, ne seroit point lié par cette convention qui seroit regardée comme nulle, parce qu'elle est contraire au droit public qui prohiboit les donations entre mari et femme.

REGLE XLVI.

Ulpianus, lib. 56, ad Edictum.

Quod à quoquo pænae nomine exactum, id eidem restituere nemo cogitur.

On n'est pas obligé de tenir compte de ce qui a été payé forcément à titre de punition.

OBSERVATIONS.

Mon fondé de procuration se comporte à

l'audience avec tant d'indécence que le juge
se voit forcé de le condamner à l'amende par
forme de réparation. Je ne suis pas tenu de
lui tenir compte de cette amende, parce que
c'est par sa faute qu'il s'est mis dans le cas
de la payer. On trouvera d'autres exemples
de cette règle dans la loi 3, au digeste *de
tabulis exhibendis* et dans la loi première *ad
legem juliam. De ambitu.*

Mais cette règle n'a lieu qu'autant que le
jugement de condamnation a eu son effet,
car s'il est annulé par quelque cause que ce
soit, tout ce qui s'en est suivi est nul, et par
conséquent, le condamné étant remis au
même état qu'il étoit avant le jugement il est
en droit de répéter tout ce qu'il avoit donné
en conséquence de ce jugement.

REGLE XLVII.

*Consilii non fraudulenti nulla obligatio
est, caeterum si dolus et calliditas interces-
sit, de dolo actio competit.*

Celui qui donne un conseil de bonne foi
n'en est pas responsable, mais s'il a donné
ce conseil avec dessein de tromper, on peut
le poursuivre à raison de la fraude qu'il a
mise en usage.

OBSERVATIONS.

OBSERVATIONS.

En général, on n'est pas responsable du conseil que l'on donne de bonne foi. Par exemple, vous aviez des fonds à placer, je vous ai conseillé de les employer à l'acquisition d'un fond, plutôt que de les placer à intérêt, je ne réponds pas de l'événement. Si au contraire, je vous conseille de prêter vos fonds à Titius que vous ne connoissiez pas, et à qui vous ne les eussiez pas prêtés sans le conseil que je vous ai donné par écrit en vous répondant de sa solvabilité, c'est une espèce de mandat de ma part, et je suis responsable de l'événement. Loi 6, au digeste *mandati*.

Si je conseille à quelqu'un de commettre un délit dont le coupable se seroit abstenu sans le conseil que je lui ai donné, je suis sujet à la même punition que celui qui a commis le crime. Loi 11, parag. *Attilicinus* au digeste de *injuriis*.

§. I.

Socii mei socius, meus socius non est.

Celui qui contracte une société avec mon associé, n'est pas mon associé.

OBSERVATION.

Il faut le consentement exprès pour former

F

une société. De là il suit que mon associé ne peut, sans mon consentement, admettre quelqu'un en tiers dans notre société, et que s'il a fait quelqu'engagement particulier avec ce tiers, ce ne peut être que par rapport à sa portion, et non pas à la mienne. D'où il faut conclure que je n'ai aucune part aux profits qu'ils ont retirés de leur société, comme étant séparée de la mienne, et que je ne suis pas tenu des pertes qu'ils auroient essuyées relativement à cette société.

RÈGLE XLVIII.

Paulus, lib. 35, ad Edictum.

Quidquid in calore iracondiæ vel fit vel dicitur non prius ratum est quàm si perseverantiâ apparuit judicium animi fuissse : ideoque brevi reversa uxor nec divertisse videtur.

Ce qu'on fait ou qu'on dit dans la chaleur de la colère, n'a de force qu'autant qu'en persistant on est censé avoir agi avec réflexion. Ainsi une femme qui dans un premier mouvement quitte la maison de son mari et qui y est rentrée peu de tems après sa sortie, n'est pas censée avoir provoqué le divorce.

OBSERVATIONS.

Cette règle ne s'étend pas aux délits qui sont

de nature à ce qu'on ne puisse réparer la faute qu'on a faite. Ainsi un homme qui dans la colère auroit tué ou blessé quelqu'un, seroit dans le cas d'être puni suivant la rigueur des lois. Si cependant il ne l'avoit fait que dans un premier mouvement et excédé par l'atrocité de l'injure qui lui étoit faite, il mériteroit quelqu'indulgence. Si un plaideur dans la chaleur de la dispute accuse son adversaire d'un crime capital, et qu'ensuite étant revenu dans un état plus calme il se désiste de l'accusation, il en est quitte simplement pour faire réparation d'honneur et payer les frais.

L'exhérédation prononcée par un testateur dans un mouvement de colère est censée nulle, si l'exhérédé peut prouver qu'au moment où le testateur l'a prononcée, il étoit en proie à des mouvemens d'indignation qu'il n'auroit pas suivis s'il eut été de sang-froid.

A l'égard du divorce, une femme qui dans un mouvement de colère a quitté la maison de son mari, n'est pas censée avoir divorcé ; il faut qu'elle fasse signifier l'acte de divorce qui n'est prononcé qu'avec connoissance de cause et après les formalités prescrites par les lois.

REGLE XLIX.

Ulpianus, lib. 35, ad Edictum.

Alterius circumventio alii non praebet actionem.

La fraude commise par un tiers ne peut produire aucune action en faveur de celui qui n'y a eu aucune part.

OBSERVATION.

On ne doit jamais profiter de la fraude d'autrui. Ainsi ce qu'un associé a acquis frauduleusement, n'entre point en société, parce qu'on n'est jamais censé avoir contracté une société frauduleuse. Un tuteur qui dans l'administration des biens de son pupille, auroit fait quelques profits qu'il ne devroit qu'à la fraude, ne seroit pas tenu de porter ces profits illicites dans son compte de tutelle ; et comme le dit le jurisconsulte Paul, l'acheteur de bonne foi ne doit souffrir aucun préjudice du dol de son vendeur, mais il n'en doit pas profiter.

REGLE L.

Paulus, lib. 39, ad Edictum.

Culpâ caret qui scit, sed prohibere non potest.

On n'est pas coupable lorsqu'on a eu connoissance d'un fait qu'on n'étoit pas le maître d'empêcher.

OBSERVATION.

On ne peut être responsable d'un fait, quoiqu'on en ait eu connoissance, toutes les fois qu'on n'a pas été le maître de l'empêcher; mais si par des précautions que prend ordinairement un homme sage on avoit pu empêcher ce fait, alors on en seroit responsable. Ainsi, si mes domestiques ont mis le feu à une maison, et que malgré leur mauvaise conduite je me fusse obstiné à les garder, je serois censé avoir favorisé leur crime, et j'en serois responsable. On regarde même comme une trahison de ne point avoir fait part à la personne intéressée, sur-tout s'il s'agit du souverain, des trames qu'on méditoit contre lui, si on en a eu connoissance, quoiqu'on ne fut pas en état de s'oposer efficacement à cette entreprise criminelle. Voyez la loi 5, au code *ad legem juliam majestatis.*

REGLE LI.

Gaius, lib. 15, ad Edictum provinciale.

Non videtur quisquam id capere quod ei necesse est alii restituere.

F 3

On n'est pas censé propriétaire d'une chose qu'on est obligé de rendre.

OBSERVATIONS.

Le mot *capere* dont se sert le jurisconsulte dans cette règle, signifie posséder à titre irrévocable. Ainsi, un possesseur de bonne foi n'est pas véritablement propriétaire, puisqu'il peut être évincé par le véritable propriétaire. Il en est de même de l'héritier qui possède une chose léguée sous condition, puisque la condition arivée, il est tenu de la rendre. Voyez sur cette règle ce que nous avons dit à la loi 13 ci-dessus.

REGLE LII.

Ulpianus, lib. 44, ad Edictum.

Non defendere videtur non tantum qui la-litat, sed et is qui praesens negat se defendere, aut non vult suscipere actionem.

On est censé contumax lorsqu'on se cache pour n'être pas forcé de se présenter en jugement, ou lorsqu'étant présent on refuse de fournir ses moyens de défense, ou qu'on déclare ne point vouloir proposer ses moyens d'exception.

OBSERVATIONS.

On appelle contumax celui qui ne se

présente pas lorsqu'il est cité en justice, quand même il le seroit par un juge incompétent, parce qu'alors il seroit tenu de proposer le déclinatoire, ce qui peut se faire de trois manières ; 1°. si on se cache pour éviter de proposer ses exceptions.

2°. Lorsqu'après s'être présenté en jugement on abandonne la cause.

3°. Lorsqu'étant présent au jugement on refuse de répondre aux interrogations faites par le juge. Dans tous ces cas, on est sujet à la peine portée contre les contumax, c'est-à-dire qu'on perd sa cause, on est condamné aux dépens et on adjuge au demandeur ses conclusions.

RÈGLE LIII.

Paulus, lib. 42 ad Edictum.

Cujus per errorem dati repetitio est, ejus consulto dati donatio est.

Celui qui paie par erreur ce qu'il ne doit pas, peut le répéter, mais celui qui a payé avec connoissance de cause est censé avoir donné.

OBSERVATIONS.

Si un héritier avoit payé en entier le legs dont il est chargé par le testament, comptant

F 4

qu'il lui restera assez pour satisfaire aux charges de la succession et sans faire ses réserves, ou avant d'avoir fait inventaire, il n'a point d'action pour redemander ce qu'il a payé de trop, parce qu'il devoit savoir que la loi lui accordoit le bénéfice d'inventaire. Si, au contraire, il s'étoit mis en règle, et si par défaut de calcul il avoit payé audelà de ce qu'il devoit, il peut agir en restitution de ce qu'il a payé de trop.

Il en est de même si l'on avoit fait un billet par lequel on avoit reconnu avoir reçu une somme qui n'a pas été véritablement délivrée ; on ne peut être admis à proposer son exception lorsqu'on a laissé écouler le tems accordé par la loi pour proposer cette exception.

Si au contraire on avoit payé 2,000 fr. qu'on croyoit devoir, au lieu de 1,000 fr. qu'on devoit réellement, la loi accorde une action pour demander le surplus, parce que dans cette espèce, il s'agit d'une erreur de fait qui est toujours excusable.

Quand nous disons que celui qui a payé par erreur une chose qu'il ne devoit pas, est censé l'avoir donnée, il faut supposer qu'il ni a aucune présomption d'où on puisse conclure qu'il n'avoit pas, en effet, l'intention de donner ; si, par exemple, croyant devoir une somme, je paie les intérêts de cette somme pour obtenir de mon créancier un délai, et qu'il soit prouvé que je ne devois rien, je puis redemander mes intérêts, parce que je ne suis pas censé avoir voulu en faire présent à celui que je regardois comme mon véritable créancier.

RÈGLE LIV.

Ulpianus, lib. 46, ad Edictum.

Nemo plus juris in alium transferre potest, quàm ipse haberet.

On ne peut transmettre à autrui un droit qu'on n'a pas.

OBSERVATIONS.

C'est un principe généralement reconnu que nous ne pouvons, en délivrant une chose transporter que le droit que nous avons sur cette chose. Si donc je suis véritablement propriétaire, celui à qui je vends se trouve nanti de mon droit de propriété. Si je ne l'ai pas, je ne transfère que la simple possession. Cette règle a lieu non seulement dans les aliénations, mais encore dans les successions, ce qui doit s'entendre tant du successeur à titre universel que de celui qui succède à titre particulier, comme l'acheteur, le donataire, le légataire, etc.

Ce qu'il faut entendre de manière que les
défauts réels passent nécessairement aux successeurs, mais non pas les défauts inhérens
à la personne. Ainsi, la mauvaise foi du vendeur n'empêche pas que l'acheteur de bonne
foi ne puisse prescrire, parce que ce défaut
étoit inhérent à la personne du vendeur, et
ne peut atteindre l'acheteur de bonne foi qui
date pour la prescription du tems où il est
entré en jouissance.

Il n'en est pas de même de l'héritier. Comme
il succède dans tous les droits et actions du
défunt qu'il représente, il ne pourra jamais
prescrire en vertu de son titre.

Ainsi, la chose passe au successeur telle
qu'elle étoit entre les mains de l'auteur.

Il y a cependant des cas où l'on peut transmettre la propriété d'une chose dont on n'étoit
pas propriétaire. Par exemple, un fondé de procuration peut vendre en vertu de son pouvoir.
Un créancier possesseur d'un gage peut l'aliéner. C'est-à-dire qu'il peut transporter à un
autre le droit d'acquérir cette chose par le
moyen de la prescription, car il ne peut transfé-
rer que le titre qu'il avoit, et quoique lui-même
il ne puisse prescrire, il peut en aliénant le
gage à un acheteur de bonne foi lui assurer
un titre suffisant pour opérer la prescription.

Un tuteur peut vendre les biens de son pupille en vertu d'une sentence, parce qu'alors
c'est le juge qui donne son autorisation au
nom du pupille qui est le véritable propriétaire.

REGLE LV.

Gaius, lib. 2, de testamentis, ad Edictum urbicum.

Nullus videtur dolo facere qui suo jure utitur.

Celui qui agit en vertu de son droit, n'est
pas censé coupable de fraude.

OBSERVATIONS.

Tout ce qui se fait en vertu de la loi n'est
pas répréhensible ; par exemple, si je fais creuser mon terrain pour y trouver une source
qui puisse me fournir l'eau dont j'ai besoin,
mon voisin n'a pas le droit de s'en plaindre
quoique par cette opération j'aie détourné la
source d'où il tiroit ses eaux, parce que j'a-
vois le droit de creuser chez moi. Loi 1,
parag. 2, au digeste *de aq. pluv. arc.* Il en
est de même si je me sers d'une chose que je
possède en commun avec un autre, parce que
je suis censé user de mon droit, à moins que
l'on ne puisse prouver que j'avois le dessein
de me l'approprier ou de priver mon associé
du droit qu'il avoit d'employer cette chose à
son usage.

Si un créancier se met en possession d'un fond qui lui étoit abandonné à titre de gage ou d'hypothèque, on ne peut lui faire aucun reproche, puisqu'il n'a fait que ce qu'il lui étoit permis de faire du consentement du propriétaire.

Il en est de même si un créancier reçoit de son débiteur ce que celui-ci lui devoit avant la saisie des biens et la sentence du juge qui met les autres créanciers en possession de ces biens, quoiqu'il sache qu'en acceptant son paiement il ne restera plus de quoi payer les autres, parce qu'il a usé de son droit, et que la loi favorise toujours ceux qui veillent à la conservation de leurs droits. Loi 24, au dig. *quae in fraudem crediturum.*

Je puis aussi forcer mon voisin à souffrir que j'appuie sur son mur la poutre qui soutient ma maison si j'en ai le droit, parce qu'en m'accordant cette servitude, il s'est soumis à ces inconvéniens.

REGLE LVI.

Gaïus, lib. 3, de legatis, ad Edictum urbicum.

Semper in dubiis benigniora praeferenda sunt.

Dans le doute, il faut toujours suivre le parti le plus doux.

OBSERVATION.

Lorsqu'une chose est douteuse, il faut toujours suivre le parti qui est le plus favorable au défendeur. Ainsi, autrefois, dans une cause criminelle si la qualité du délit n'étoit pas constatée, on devoit se décider pour le délit qui emporte la punition la plus légère. Il n'en est plus ainsi parmi nous, la loi ayant fixé la peine imposée à chaque fait réputé criminel. Si un associé a détourné à son usage une partie des choses qu'il possédoit en commun avec un autre, il est présumé ne s'être servi que de ce qui lui appartenoit dans la chose commune, et il n'est pas censé avoir détourné ces objets avec l'intention de les voler.

Si une femme avoit acquis des biens dont on ne connût pas l'origine, elle est censée les tenir de la libéralité de son mari, et l'on ne s'arrête point au soupçon que sa conduite auroit pu faire naître qu'elle les a acquis par des moyens illicites.

REGLE LVII.

Gaïus, lib. 18, ad Edictum provinciale.

Bona fides non patitur ut bis idem exigatur.

On ne peut sans blesser la bonne foi, demander deux fois la même chose.

O b s e r v a t i o n.

C'est un principe avoué de tous les jurisconsultes, que le paiement éteint l'obligation.
Ainsi, je dois solidairement avec un autre,
une somme à Titius, l'un de nous deux ayant
payé, l'obligation est éteinte.

Cette règle n'a pas lieu si je dois une chose
en vertu de plusieurs obligations. Je ne suis
pas libéré si j'ai payé en vertu de la première, parce qu'alors je suis censé devoir
non pas précisément la même chose, mais
autant d'objets différens qu'il y a d'obligations. Il en est de même si deux personnes
différentes m'ont légué le même fond. Je puis
demander l'estimation du fond en vertu du
premier testament et le fond en vertu du second ; mais si l'héritier du premier testateur
m'avoit délivré le fond qui m'étoit légué, je ne
pourrois pas demander à l'héritier du second,
l'estimation du même fond, parce que celui
qui possède la chose, est censé en avoir la
valeur aulieu que la valeur ne constitue pas
le fond.

RÈGLE LVIII.

Ulpianus, lib. 2, disputationum.

*Ex paenalibus causis non solet in patrem
de peculio actio dari.*

Dans les causes purement pénales, on ne peut poursuivre le père à raison du pécule de son fils.

OBSERVATION.

Cette loi n'est d'aucun usage parmi nous.

REGLE LIX.

Ulpianus, lib. 3, disputationum.

Hœredem ejusdem potestatis jurisque esse cujus fuit defunctus constat.

L'héritier a le même pouvoir et jouit des mêmes droits dont jouissoit le défunt.

OBSERVATIONS.

Quand on dit que l'héritier jouit des mêmes droits dont jouissoit le défunt, il faut restreindre cette faculté aux droits réels qui passent nécessairement avec la chose à laquelle ils sont attachés.

Il n'en est pas de même des droits inhérens à la personne ; ces droits s'éteignent avec elle. Ainsi, la tutelle dont étoit chargé le défunt ne passe point de plein droit à son héritier qui est simplement tenu de rendre compte , puisque ce compte est une charge de la succession.

L'usufruit dont jouissoit le défunt s'éteint

par sa m ort; ce droit étant inhérent à la personne, s'éteint avec elle.

Les privilèges personnels, s'éteignent pareillement par la mort du privilégié ; ces sortes de privilèges n'existent plus parmi nous. Les réels, au contraire, étant accordés à la chose, passent à tous ceux qui la possèdent successivement.

En fait de prescription, si le possesseur de bonne foi vient à mourir avant d'avoir atteint le tems nécessaire pour prescrire, ce droit passe à son héritier et la possession du défunt se joint à celle de son successeur qui est censé faire une même personne avec lui.

Un donateur peut faire casser la donation par lui faite, quoiqu'entre vifs, lorsqu'il peut prouver de l'ingratitude de la part du donataire ; mais l'héritier ne le pourroit pas, parce que ce droit est inhérent à la personne du donateur.

REGLE LX.

Ulpianus, lib. 10, disputationum.

Semper qui non prohibet pro se intervenire, mandare creditur. Sed et si quis ratum habuerit quod gestum est, obstringitur mandati actione.

Celui qui, présent à l'affaire, ne s'oppose

pas

pas à ce qu'un autre agisse en son nom, il est censé l'avoir autorisé, et si sans avoir donné son consentement, il ratifie ce qu'on a fait pour lui, il n'est par moins engagé que s'il avoit d'abord donné pouvoir d'agir.

OBSERVATIONS.

Le mot *intervenire* est susceptible de plusieurs significations. Il signifie se charger de l'obligation d'autrui, se présenter en justice pour un autre, entrer dans le procès d'autrui en qualité de tiers intéressé, s'opposer à l'exécution d'un jugement, etc.

Toutes les fois qu'on agit en ma faveur, et qu'ayant connoissance des démarches que l'on fait je ne m'y oppose pas, je suis censé avoir donné des pouvoirs suffisans pour opérer la validité de l'acte.

Il n'en est pas de même si ce qu'un autre a fait en mon nom m'est préjudiciable, car alors je ne suis pas tenu de garantir ce qu'on a fait pour moi, et il faut un pouvoir spécial de ma part pour que je me trouve engagé. Voyez la loi *sicut re*, parag. *non videtur* au digeste *quibus modis pignus solvitur*.

Un créancier qui sait que son débiteur aliéne le fond qui lui est hypothèqué, n'est pas présumé en vertu de cette connoissance avoir

G

consenti à l'extinction de son hypothèque,
parce que l'hypothèque affecte la chose et ne
peut s'éteindre que par le consentement du
créancier. Si cependant le débiteur n'avoit
pas formé son opposition au bureau des hypothèques, et que l'acquéreur eut obtenu des
lettres de ratification, il perdroit son hypothèque parce que par son silence il est censé
avoir consenti à l'aliénation.

Mais si sans avoir autorisé quelqu'un à agir
en mon nom, je ratifie ce qu'il a fait, je suis
censé lui avoir donné pouvoir de le faire.
Ainsi, si mon débiteur avoit payé à un homme
qui se donnoit pour porteur du titre de ma
créance, quoiqu'il n'eut pas ce titre, si je
ratifie le paiement qui s'est fait en vertu de
cette fausse allégation, mon débiteur se trouve
véritablement libéré. Cette règle s'applique
également aux délits. Si, par exemple, un
homme sans être chargé de pouvoirs de ma
part, expulse de sa propre autorité le possesseur d'un fond que je prétends m'appartenir,
et que je ratifie l'expulsion, je ne serai pas
écouté si je soutiens que je ne suis pas coupable, et je serai tenu aux dommages et intérêts qu'on est en droit d'exiger contre celui
qui use de violence.

Il y a cependant des cas où la ratification

n'opère pas la validité d'un acte. Si par exemple, un tuteur qui n'avoit pas autorisé son pupille à passer un acte, veut le ratifier après la passation de cet acte, la ratification n'en opère pas la validité, parce que tout acte passé par un mineur est nul de plein droit, si le tuteur n'est pas présent au moment où le pupille a contracté, et s'il n'y donne pas expressément son consentement.

La ratification se fait non-seulement par écrit, mais encore par des actes relatifs à l'affaire dont il s'agit. Ainsi, celui qui demande l'exécution d'un contrat, est présumé approuver le contrat en vertu duquel il agit.

RÈGLE LXI.

Ulpianus, lib. 3, opinionum.

Domum suam reficere unicuique licet, dum non officiat invito alteri, in quo jus non habet.

Il est permis à un propriétaire de bâtir sur son terrain, pourvu que la construction qu'il fait faire ne soit pas préjudiciable à son voisin, sur le terrain duquel il n'a aucun droit.

OBSERVATIONS.

Le mot *reficere* dont se sert le jurisconsulte dans cette règle, signifie proprement *rétablir*,

G 2

mais ici on doit l'entendre de bâtir, car celui qui peut rétablir, peut également construire.

Il y a cependant des cas où mon voisin peut m'empêcher de construire, si cette construction lui est nuisible, si, par exemple, je m'étois soumis par une servitude, à ne pas élever ma maison pour ne pas offusquer sa vue, alors il pourroit s'opposer à ma construction.

R E G L E L X I I.

Julianus, lib. 6, digestorum.

Hæreditas nihil aliud est quàm successio in universum jus quod defunctus habuerit.

L'hérédité est la faculté de succèder dans tous les droits du défunt.

O B S E R V A T I O N.

Voyez la règle L I X.

R E G L E L X I I I.

Julianus, lib. 15, digestorum.

Qui sine dolo malo ad judicium provocat, non videtur moram facere.

Celui qui se pourvoit pardevant le juge étant dans la bonne foi, n'est pas censé être en demeure.

OBSERVATION.

On est en demeure, c'est-à-dire, qu'on est condamné aux dépens, toutes les fois qu'on se présente en jugement sans raison. Ainsi, un débiteur qui refuse mal à propos de payer, doit supporter les frais du jugement. Mais, si un débiteur a des raisons valables pour ne point payer sur-le-champ, s'il ignore ce qu'il doit véritablement ou à qui il doit payer, si, par exemple, le créancier n'étoit pas en état de recevoir, soit faute de caution dans les cas où l'on est tenu d'en donner, si ce même débiteur est absent pour le service de l'état, s'il y a des comptes à examiner, dont la discussion est nécessaire pour constater la dette, etc. ; alors, quoiqu'il soit véritablement en demeure, il n'est pas censé en retard, parce que ce retard ne vient pas de sa faute. Il en est de même si le débiteur a des exceptions valables à proposer, si, par exemple, il demande la compensation de ce qu'il doit avec la somme qui lui est due.

REGLE LXIV.

Julianus, lib. 29, digestorum.

Ea quae raro accidunt, non temere in agendis negotiis computantur.

G 3

On ne doit pas, sans les plus fortes raisons, prononcer la nullité d'un acte sous le
prétexte qu'on n'y a pas prévu des choses qui
n'arrivent que très-rarement.

OBSERVATIONS.

Cette règle peut s'appliquer et aux lois et
aux conventions; quant aux lois, comme elles
n'ont pas pu prévoir tous les cas, et sur-tout
ceux qui arrivent très-rarement, on peut les
adapter à ces cas particuliers et non prévus.
Ainsi, un enfant né dix mois après la mort
de son père doit jouir de son état, parce que,
quoique ce cas arrive très-rarement, il est
prouvé qu'il n'est pas impossible.

Quant aux actes, on ne peut en demander
la nullité sous le prétexte que le cas arrivé,
n'avoit pas été prévu, puisque les contractans
ne sont pas censés avoir pu les prévoir. Ainsi,
un legs fait à condition que le légataire se
rendra à tel endroit est regardé comme valide, quoique le légataire soit mort avant
d'avoir pu exécuter la condition, parce que
le testateur n'avoit pas prévu la mort du légataire.

Il n'en seroit pas de même si la condition
étoit de nature à pouvoir être exécutée même
le dernier jour de la vie, car alors il ne trans-

mettroit pas le legs à son héritier, faute d'y avoir satisfait.

RÈGLE LXV.

Julianus, lib. 54, digestorum.

Ea est natura cavillationis quam Graeci soritèn id est accervalem sillogismum, appellant, ut ab 'evidenter veris per brevissimas mutationes disputatio ad ea quae evidenter falsa sunt perlucatur.

Telle est la nature de l'espèce de sophisme que les Grecs appellent *sorite*, que joignant à un principe incontestable, plusieurs propositions également vraies, mais qui n'ont aucuns rapports avec ce principe, on parvient à en déduire des conclusions absolument fausses.

OBSERVATIONS.

Le sophisme est une fausse subtilité qu'on emploie quelquefois pour faire tomber son adversaire dans les piéges qu'on tend à sa bonne foi, en le forçant à avouer une chose qui est contre ses intérêts. On en abuse aussi quelquefois pour induire le juge en erreur. Il y a beaucoup d'exemples de ces sophismes; nous n'en citerons que deux pour faire connoître ce qu'on entend par ce mot.

G 4

PREMIER EXEMPLE.

Ce qui n'appartient à personne, tombe au pouvoir du premier occupant.

Les choses destinées au culte public, n'appartiennent à personne.

Il s'ensuit de-là que ces sortes de choses appartiennent au premier occupant.

SECOND EXEMPLE.

Toute la Grèce obéit à Athènes,

Les Athéniens obéissent à Thémistocle,

Thémistocle obéit à sa femme,

Sa femme obéit à son petit-fils,

Donc, toute la Grèce obéit au petit-fils de Thémistocle

Pour ne pas donner dans le piège, il faut bien prendre garde aux propositions qui se font de part et d'autre, et voir si la conclusion dérive véritablement du principe, sans cela, on court risque de s'égarer.

REGLE LXVI.

Julianus, lib. 60, digestorum.

Marcellus : desinit debitor esse is qui nactus est exceptionem justam, nec ab aequitate naturali abhorrentem.

On cesse d'être débiteur lorsqu'on peut opposer à la demande une exception péremptoire appuyée sur l'équité naturelle.

OBSERVATIONS.

Une action s'éteint par l'exception juste et

raisonnable qu'on a le droit de lui opposer, si, par exemple, j'ai fait au débiteur la remise de son billet, par l'ordre du créancier, si j'ai promis à mon débiteur de ne jamais exiger sa dette, si le débiteur allègue en sa faveur le serment que je lui ai déféré, par lequel il a juré ne rien devoir, etc.

Nous disons juste et raisonnable, car, si l'exception qu'on peut alléguer contre moi n'étoit pas appuyée sur l'équité, elle ne produiroit aucun effet. Si, par exemple, un mineur à qui j'avois prêté une somme d'argent me l'avoit rendue, le tuteur ne pourroit pas exiger que je rendisse cette somme, sous prétexte que le mineur n'étoit en droit ni d'emprunter ni de recevoir, parce que l'équité naturelle s'oppose à cette demande. Voyez les observations sur la loi 13.

REGLE LXVII.

Julianus, lib. 47, digestorum.

Quotiens idem sermo duas sententias exprimit, ea potissimum excipiatur quae rei gerendae aptior est.

Toutes les fois que dans un acte on emploie une expression qui peut s'appliquer à deux choses différentes, il faut s'en tenir à celle qui paroît le mieux convenir à la chose dont on s'est occupé en formant la convention.

OBSERVATIONS.

Lorsque dans un acte on s'est servi de termes ambigus, il faut toujours s'arrêter au sens que présente naturellement la chose dont on est convenu, parce que dans l'interprétation, il faut se décider plutôt pour le terme qui confirme la convention que pour celui qui la rendroit nulle. Si, par exemple, j'ai fait remise à mon fermier, d'une partie de ses fermages, en considération de la stérilité qu'il a éprouvée cette année, et que dans les années suivantes il ait eu des récoltes abondantes, rien n'empêche que je ne puisse me pourvoir contre le fermier à l'effet de me payer ce que je lui avois abandonné à raison de la gêne qu'il éprouvoit, parce que ce n'est pas une véritable donation que j'ai faite, mais un délai que je suis censé lui avoir accordé jusqu'à ce qu'il put me satisfaire. Loi *ex conducto*, parag. *Papinianus*, au digeste, titre *de locato*.

S'il y a une convention faite entre deux voisins par laquelle il a été arrêté que l'un d'eux ne pourroit construire rien qui put porter préjudice à la vue de l'autre, sans faire mention des dimensions présentes ou à venir, le jurisconsulte Pomponius, liv. 23, au digeste de *servitatibus praediorum rusticorum*, décide qu'il faut prendre le terme dans sa signification la plus étendue, et laisser au propriétaire la faculté de donner à sa maison tel jour qu'il voudra.

REGLE LXVIII.

Paulus, lib. singulari de dotis repetitione.

In omnibus causis id observatur, ubi personae conditio locum facit beneficio, ibi deficiente eâ beneficium quoque deficiat; ubi vero genus actionis id desiderat, ibi ad quemvis persecutio ejus devenerit, non deficit ratio auxilii.

En général, lorsque l'avantage que l'on accorde à quelqu'un lui est personnel, cet avantage s'éteint avec la personne en faveur de laquelle il avoit été accordé; si, au contraire la nature de l'action l'exige, cet avantage s'étend à tous ceux qui ont droit d'exercer cette action.

OBSERVATIONS.

On établit dans cette règle une différence entre le droit personnel qui s'éteint avec la personne et le droit réel qui passe aux successeurs. Par exemple, le droit qui appartenoit à la femme, d'être préférée à tous les créanciers hypothécaires à raison de sa dot, ne passoit pas à ses héritiers, excepté à ses enfans.

Le droit attaché à la chose, au contraire, passe indistinctement à tous ceux qui jouissent de la chose à laquelle ce droit est attaché. Par exemple, les frais funéraires peuvent être exigés, soit par celui qui les a faits, soit par tous ceux qui lui succèdent.

Si on a exempté un fond du paiement des impôts, ce privilège passe indistinctement à tous ceux qui deviendront propriétaires du fond.

Si un mineur a été lésé, le privilège qui lui est accordé par la loi, de se pourvoir contre cette lésion, passe à ses héritiers, parce que ce n'est pas tant la personne du mineur que la loi a eu en vue, que la lésion frauduleuse qu'elle a voulu réprimer.

REGLE LXIX.

Paulus, lib. singulari de assignatione libertorum.

Invito beneficium non datur.

On n'est pas obligé d'accepter un bienfait malgré soi.

OBSERVATION.

Tout ce que disent les commentateurs sur ce texte est absolument inutile, c'est pourquoi nous ne nous y arrêterons pas.

REGLE LXX.

Paulus , lib. 2 , de officio proconsulis.

Nemo potest gladii potestatem sibi datam vel cujus alterius coercitionis ad alium mandare

Celui à qui on a confié le droit du glaive ou de quelqu'autre punition corporelle , ne peut pas déléguer ce droit à un autre.

OBSERVATIONS.

La juridiction proprement dite , étant une émanation du souverain pouvoir, ne peut être confiée que par lui , elle est inhérente à la personne qu'il a choisie , et celui qui en est revêtu ne peut la déléguer à un autre. Mais, pour bien entendre cette règle , il faut distinguer entre la juridiction ordinaire et la juridiction déléguée.

La juridiction ordinaire est le droit de connoître des causes civiles et criminelles, et de les juger. La juridiction déléguée est celle qu'on ne tient qu'en vertu du pouvoir dont on est revêtu par celui qui a le droit de déléguer, et c'est celle dont il s'agit ici. Celui qui l'exerce n'ayant pas proprement de juridiction , son pouvoir étant limité à certaines causes ; il ne peut la déléguer à autrui; ce qui est fondé en raison, puisque en déléguant on a en vue la probité et le mérite qui sont des qualités personnelles, qualités qu'on a distinguées seules dans la personne du délégué.

Il n'en est pas de même de la juridiction ordinaire, c'est-à-dire, du pouvoir qui appartient à chaque magistrat en vertu d'une juridiction qui lui est propre, car il est certain qu'il peut communiquer ce pouvoir à ceux qui forment les officiers de sa justice. Voyez LOUET et BRODEAU *litterd C. n°. 31.*

REGLE LXXI.

Paulus, lib. 2 de officio proconsulis.

Omnia quaecumque causae cognitionem desiderant per libellum expediri non possunt.

Toutes les affaires qui doivent être discutées entre les parties, ne peuvent être jugées sur une simple requête.

OBSERVATIONS.

Il y a des affaires qui ne demandent aucune discussion, comme la nomination d'un tuteur, les lettres d'émancipation, etc. Ces affaires peuvent être terminées par le juge sur une simple requête, c'est ce qu'on appelle exercer la juridiction volontaire.

Si, au contraire, ces affaires sont de nature à être solemnellement discutées, si, par exemple, il s'agit d'entériner des lettres de rescision, de confirmer la vente des biens d'un mineur, etc. le juge ne peut prononcer qu'à l'audience après avoir ouï les parties.

RÈGLE LXXII.

Javolenus, lib. 3, ex posterioribus Labeonis.

Fructus rei est vel pignori dare licere.

On met au nombre des fruits la faculté qui appartient à l'usufruitier de mettre en gage les fruits qu'il a le droit de percevoir.

OBSERVATION.

L'usufruitier peut, en vertu de son droit, aliéner ou donner en gage les fruits qu'il a la faculté de percevoir, et cette faculté ne nuit en aucune manière au propriétaire, puisque l'abandon que fait l'usufruitier ne dure que pendant sa vie, et qu'à sa mort, le gage est éteint.

REGLE LXXIII.

Quintus Mutius Scœvola, lib. singulari.

Quò tutela redit, eò haereditas pervenit, nisi cum faeminae haeredes intercedunt.

La tutelle est une suite nécessaire du droit de succéder. Il n'en est pas de même si les femmes se trouvent les plus proches héritières.

OBSERVATION.

Cette règle n'a presqu'aucune application parmi nous, puisqu'en France toutes les tutelles sont datives, c'est-à-dire nommées dans une assemblée de parens et d'après une sentence du magistrat qui confirme la nomination. Nous observerons seulement, que quoiqu'en général les femmes ne puissent être admises à la tutelle qui, tant au nombre des charges publiques, ne peut être exercée par elles, on peut néanmoins appeler à la tutelle la mère, ou à son défaut l'aïeule, pourvu qu'elles restent en viduité.

§ I.

Nemo potest tutorem dare cuiquam nisi ei quem in suis hæredibus cum moritur, habuit habiturus ve esset si vixisset

Le testateur ne peut, par son testament donner un tuteur qu'à son héritier nécessaire, soit qu'il le soit au tems de sa mort, soit qu'il soit dans le cas de le devenir.

OBSERVATION.

Cette règle ne peut encore avoir lieu parmi nous, puisque la puissance paternelle en vertu de laquelle se conféroit cette tutelle, n'existe plus.

parag.

§. II.

Vi factum id videtur esse, quâd de re quis prohibetur fecit : clam quod quisque cum controversiam haberet habiturum ve se putaret fecit.

On est censé user de violence, lorsqu'on fait une chose défendue par l'ordonnance du juge, et l'on regarde comme clandestine une action faite à l'insçu de celui qui auroit pu s'y opposer.

OBSERVATION.

En vain objecteroit-on qu'on a droit de se comporter de telle ou telle manière, s'il y a une ordonnance qui défende d'agir ainsi ; si, par exemple, j'ai droit de passer par votre terrain pour aller dans le mien, et qu'un nouveau propriétaire s'oppose à ce que j'use de mon droit, je ne puis, de ma propre autorité, user de ce passage, parce qu'il ne m'est pas permis de me faire justice à moi-même ; mais je dois m'adresser au juge, et obtenir une sentence qui m'autorise à user de mon droit.

J'agis clandestinement, lorsque, pour éviter les poursuites de mon adversaire, je me mets, à son insçu, en possession de la chose qu'il a droit de me contester. Cette possession est

H

absolument vicieuse, puisque celui qui en souffre quelque préjudice aura toujours le droit de s'y opposer, lorsque le fait sera parvenu à sa connoissance.

§. III.

Quae in testamento ita sunt scripta ut intelligi non possint, perindè sunt ac si scripta non essent.

Ce qui est inintelligible dans un testament, est regardé comme non avenu.

OBSERVATION.

Le testament est l'expression de la volonté du testateur. Si les legs ou les dispositions qui y sont contenus sont d'une telle obscurité qu'on ne puisse distinguer absolument ce que le testateur a voulu dire, ces dispositions sont regardées comme non avenues, à moins que, par des conjectures ou autres présomptions, on ne puisse deviner sa volonté.

§. IV.

Nec paciscendo, nec legem dicendo, nec stipulando quisquam alteri cavere potest.

On ne peut, par aucune convention, former une obligation en faveur d'autrui.

OBSERVATION.

Comme je ne puis obliger un tiers sans sa

participation, de même aussi je ne puis contracter en sa faveur sans son consentement. Il
y a cependant des cas où l'obligation faite en
faveur d'un tiers peut être utile. Si, par exemple, je contracte ainsi : Vous paierez 100 francs
à Titius, ou vous vous soumettrez, en cas de
refus de votre part, de me payer 50 francs,
parce qu'alors ce qui seroit nul à l'égard de
Titius, devient avantageux pour moi, puisque
j'en retirerai un profit certain.

Cette règle ne peut s'appliquer aux fondés
de procuration, aux tuteurs, aux curateurs et
aux syndics de communautés qui peuvent acquérir pour ceux qu'ils représentent. Un no-
taire, comme homme public, chargé de la
confiance d'un tiers, peut stipuler en sa faveur
en se chargeant de faire ratifier l'acte par la
personne qui y est intéressée.

REGLE LXXIV.

Papinianus, lib. 1, quæstionum.

Non debet alteri per alterum iniqua con-
ditio inferri.

Nous ne devons souffrir aucun préjudice
d'un acte qui nous est absolument étranger.

OBSERVATIONS.

Cette règle, fondée sur l'équité, regarde

H 2

sur-tout les mandataires qui ne peuvent excé-
der les bornes prescrites par leur procuration ;
les tuteurs qui ne peuvent nuire aux intérêts
de leurs pupilles, et qui ne peuvent les engager
en vertu d'une obligation qu'ils auroient contractée à leur préjudice ; les co-héritiers qui,
en l'absence d'un ou de plusieurs de ceux
qui ont le même droit, ne peuvent, par des
conventions particulières, nuire aux intérêts
des absens. Ainsi la défense de rien construire
ni de rien innover, signifiée légalement à un
des propriétaires d'un fonds appartenant en
commun à plusieurs, est censée faite à tous ;
mais si l'un d'entre eux passe outre malgré
la défense, il ne fait de préjudice qu'à lui-
même et non pas aux autres.

REGLE LXXV.

Papinianus, lib. 3, quæstionum.

*Nemo potest mutare consilium suum in
alterius injuriam.*

On ne peut changer d'avis au préjudice
d'un tiers.

OBSERVATIONS.

Il s'agit ici des obligations qui sont une
suite naturelle du consentement des contractans. Celui qui s'est obligé par un acte parti-

culier, ne peut refuser d'accomplir la convention sous le prétexte qu'il a changé d'avis,
parce que la convention une fois acceptée, on
ne peut plus s'en écarter au préjudice d'autrui.
Ainsi un homme qui a fait acte d'héritier, ne
peut plus revenir contre les obligations qu'il
a contractées envers les créanciers et les légataires du défunt. Un juge qui a prononcé une
sentence, ne peut rien changer aux dispositifs
de la sentence ; mais il peut rectifier ou mo-
difier certains chefs qui regardent seulement
les suites du jugement, ou des incidens nou-
veaux, ou des articles omis. Un légataire qui
avoit l'option sur plusieurs objets, ayant déterminé son choix, ne peut revenir contre le
choix qu'il a fait, sans le consentement de
l'héritier. La transaction étant un moyen reçu
pour assoupir les procès, il n'est pas permis
d'y déroger sans le consentement de toutes
les parties intéressées. Le vendeur qui a consenti que l'acheteur prît possession, ne peut
revenir contre son fait sous le prétexte que
le prix n'a pas été payé ; il a simplement une
action pour demander le prix qui lui est dû.

L'acheteur d'un fonds à la charge de le
remettre au vendeur dans le terme fixé par
leur convention, au cas qu'un tiers lui offre
un plus haut prix, ne peut, dans l'intervalle,

II 3

imposer une servitude sur ce fonds, parce qu'alors il en diminueroit le prix au préjudice du vendeur.

Il y a cependant des cas où l'on peut revenir contre une convention qu'on auroit faite ; si, par exemple, on étoit convenu qu'on posséderoit toujours par indivis un bien commun, on pourroit, malgré cette convention ; demander le partage, parce que, dit la loi, on ne peut retenir forcément un associé dans la société. Un propriétaire qui auroit donné à bail sa maison pour plusieurs années, peut rompre le bail s'il veut l'habiter lui-même, en dédommageant le locataire.

RÈGLE LXXVI.

Papinianus, lib. 24, quæstionum.

In totum omnia quae animi destinatione agenda sunt, non nisi verâ et certâ scientiâ perfici possunt.

Tout acte qui demande un consentement exprès de la part des contractans, devient nul si l'on peut prouver le défaut de consentement.

OBSERVATION.

Un simple exemple sera suffisant pour l'intelligence de cette règle.

Un homme se porte pour héritier, n'étant

pas certain que la succession soit ouverte.
Celui dont il s'étoit porté héritier n'est point
mort. Le prétendu héritier n'est engagé à
rien, et peut, après la mort du testateur refuser le droit qui lui est acquis par le testa.
ment, parce que l'acte d'héritier qu'il avoit
fait est nul dans son principe.

RÈGLE LXXVII.

Papinianus; lib. 28, quæstionum.

*Actus legitimi qui non recipiunt diem vel
conditionem, veluti mancipatio, acceptilatio, haereditatis aditio, servi optio, datio
tutoris, in totum vitiantur per temporis vel
conditionis adjectionem. Non nunquam tamen
actus supra scripti tacitè recipiunt quae
apertè comprehensa vitium adferunt, nam si
acceptum feratur ei, qui sub conditione pro-
misit, ita demùm egisse aliquid acceptilatio
intelligitur si obligationis conditio extiterit,
quae si verbis nominatim acceptilationis com-
prehendatur nullius momenti faciet actum.*

Les actes légitimes ou solemnels, faits à
terme ou sous condition, tels que l'émancipation, l'acceptilation, l'acceptation de l'hérédité, l'option d'un esclave, la nomination
d'un tuteur, sont absolument nuls, si on les

H 4

fait à tems ou sous condition. Il arrive cependant que ces sortes d'actes peuvent être valables si le tems ou la condition n'y sont pas ouvertement exprimés. Car, si je reconnois que j'ai reçu une somme qui ne m'étoit due que sous condition, je suis censé avoir valablement reçu cette somme, si la condition sous laquelle me devoit mon débiteur vient à exister. Mais si l'acceptilation avoit été faite expressément sous condition, elle seroit absolument nulle.

OBSERVATION.

On appeloit actes légitimes ou solemnels, chez les Romains, ceux qui se faisoient en présence du magistrat, en vertu de l'autorité qui lui avoit été accordée par la loi. Ces actes, outre le consentement des parties, devoient être faits conformément aux formules établies par cette même loi, et ne souffroient ni délai, ni conditions, parce que l'intérêt des contractans exigeoit que les parties pussent mettre ces actes à exécution aussitôt qu'ils étoient passés ; autrement il y auroit eu de l'incertitude dans ces sortes d'actes, puisqu'ils auroient dépendu des événemens. Ainsi lorsqu'on a constitué en dot la somme qui est due par celui qui se présente pour contracter mariage, cette acceptilation n'a son effet qu'au cas que le mariage en vue duquel elle est faite, soit accompli. Nous ne nous étendrons pas davantage sur cette règle, qui n'est d'aucun usage parmi nous.

REGLE LXXVIII.

Papinianus, lib. 31, quæstionum.

Generaliter cum de fraude disputatur, non quid habeat actor, sed quid per adversarium habere non potuerit considerandum est.

En général, lorsqu'il s'agit de fraude, on ne considère pas seulement ce que le demandeur a actuellement entre ses mains, mais on lui accorde encore tous les profits qu'il auroit pu retirer de la chose contestée, s'il n'en avoit pas été privé par la mauvaise foi du débiteur.

OBSERVATIONS.

Il s'agit dans cette règle, du possesseur de mauvaise foi, qui non-seulement est tenu de restituer au propriétaire le fonds que celui-ci revendique, mais encore tous les dommages et intérêts qu'il est en droit d'exiger à raison de la perte qu'il a essuyée. Ainsi le possesseur de mauvaise foi étant condamné à restituer les fruits provenant des fonds et immeubles qu'il a possédés injustement, est forcé de tenir

compte au propriétaire, non-seulement des
fruits qu'il a réellement perçus, mais encore
de ceux que celui-ci auroit pu percevoir s'il
avoit eu la chose en sa possession. Il en est de
même des loyers, pensions et autres profits
que le possesseur auroit pu percevoir. On doit
suivre la même règle dans le cas où le vendeur
seroit resté en possession de la chose vendue,
et à l'égard de celui qui, s'étant engagé à
faire ratifier par un tiers, à peine de tous
dommages et intérêts, n'a pas exécuté sa
promesse.

RÈGLE LXXIX.

Papinianus, lib. 32, quæstionum.

*Fraudis interpretatio semper in jure civili
non ex eventu dumtaxat, sed ex consilio
quoque desideratur.*

Ce n'est pas seulement d'après l'événement
qu'on juge de la fraude, on examine encore si
l'on a eu dessein de frauder.

OBSERVATIONS.

Pour établir la fraude, il ne suffit pas que
par l'événement, le créancier se trouve frustré
de sa créance; il faut encore prouver que le
débiteur avoit véritablement dessein de frauder son créancier. Ainsi un débiteur qui,

pressé par la nécessité, aliène une partie de
ses biens, croyant qu'il lui en restera suffisamment pour satisfaire ses créanciers, ne
peut pas être accusé de fraude, parce que
tous les jours on se trompe sur sa situation.
Il n'en seroit pas de même si l'on pouvoit
prouver que cette aliénation n'avoit été faite
qu'à dessein de frustrer ses créanciers. Alors
les donations que le débiteur auroit faites
seroient révocables jusqu'à concurrence de
ce qui étoit dû. Je dis *les donations*, car,
s'il avoit vendu ses biens, la vente seroit
valable, à moins qu'on ne pût prouver que
l'acheteur étoit participant de la fraude.

Ceci ne peut s'appliquer au créancier hypothécaire qui, dans tous les cas, peut faire
annuler les aliénations faites au préjudice
de son hypothèque, s'il a observé les formalités prescrites par la loi.

Il suit encore de ce principe qu'on n'est
pas censé coupable de ce qui arrive par malheur, et qu'on ne pouvoit pas prévoir. Ainsi,
l'homicide involontaire doit être pardonné,
parce qu'on ne peut soupçonner celui qui l'a
commis de mauvais dessein. Il en est de même
des enfans et des insensés qui ne sont pas
présumés avoir de volonté.

REGLE LXXX.

Papinianus, lib. 33, quæstionum.

In toto jure generi per speciem derogatur, et illud potissimum habetur quod ad speciem directum est.

C'est un principe que l'espèce déroge au genre, et qu'on doit toujours s'attacher à suivre ce qui a été spécialement arrêté entre les contractans.

OBSERVATIONS.

Une clause générale est nécessairement subordonnée à l'espèce particulière qui y déroge. Ainsi, lorsqu'il s'agit d'une loi, si elle s'exprime en termes généraux, et qu'il y ait une autre loi qui, par des dispositions particulières, déroge à la première, on n'a aucun égard aux dispositions de cette première loi qui se trouve annulée par les dispositions de la dernière. De-là il suit, que si la loi impose en général une peine contre celui qui contrevient à ses défenses, et qu'ensuite elle ajoute une peine spéciale contre la même contravention, le juge doit prononcer suivant les dispositions énoncées dans la loi spéciale.

Un homme chargé spécialement de transiger, de donner quittance finale, etc., peut agir en vertu de cette procuration spéciale, nonobstant une autre procuration donnée à un tiers en termes généraux.

Si le testateur avoit légué à Titius tout son mobilier, et que par une disposition particulière, il eut légué à Sempronius tels ou tels effets qui se trouvent dans ce mobilier, le légataire particulier pourroit revendiquer ces effets nonobstant le legs général fait au profit de Titius.

REGLE LXXXI.

Papinianus, lib. 3, responsorum.

Quae dubitationis tollendae causâ contractibus inseruntur, jus commune non laedunt.

Les clauses particulières insérées dans un contrat pour lever tous les doutes qui pourroient naître de cette convention, ne peuvent préjudicier au droit commun.

OBSERVATION.

Si dans un acte on avoit stipulé qu'il seroit libre au créancier d'attaquer la caution avant de discuter le débiteur principal, cette stipulation seroit nulle, parce qu'elle est contraire au droit commun, qui veut que la caution ne puisse être poursuivie qu'après qu'on se sera pourvu contre le débiteur principal. Si cependant la caution s'étoit soumise spécialement à cette poursuite, la stipulation seroit valable, parce qu'il est libre à un débiteur de renoncer au droit établi en sa faveur, mais cette stipulation ne nuiroit en aucune manière au créancier qui, dans tous les cas, pourroit poursuivre et discuter d'abord le débiteur principal.

REGLE LXXXII.

Papinianus., lib. 9, responsorum.

Donari videtur quod nullo jure cogente conceditur.

Ce qui provient de la pure libéralité d'autrui, est censé donation.

OBSERVATION.

On n'appelle proprement donation, que ce qui émane de la pure libéralité du donateur, sans que rien ne l'ait engagé à faire cette donation. Ainsi, ce que l'on donne en reconnoissance des bons offices que l'on a reçus, n'est pas regardé comme véritable donation; celui qui paie ce qu'il ne doit pas, n'est pas censé avoir fait une donation, parce qu'il n'avoit pas véritablement la volonté de donner, et il a le droit de former sa demande afin de restitution comme nous l'avons déjà observé.

REGLE LXXXIII.

Papinianus, lib. 2, definitionum.

Non videntur rem amittere quibus propria non fuit.

Celui qui n'étoit pas propriétaire d'une chose, n'est pas censé l'avoir perdue.

OBSERVATION.

Il faut distinguer ici la propriété de la possession. Si je n'étois pas propriétaire, je ne pouvois pas perdre ce que je n'avois pas, mais, je puis perdre la possession d'une chose dont je n'étois pas propriétaire, et cette perte est une véritable privation. Ainsi, un possesseur de bonne foi, qui se voit évincé, avant d'avoir atteint le tems nécessaire pour acquérir la propriété par le moyen de la prescription, essuie une perte réelle, puisque privé de sa possession, il perd tous les avantages qui y étoient attachés. Nous ne nous arrêterons pas plus long-tems sur cette règle. Ce que nous avons dit suffit pour en faire connoître l'esprit.

REGLE LXXXIV.

Paulus, lib. 3, quæstionum.

Cum amplius solutum est quam debebatur eujus pars non invenitur quae repeti possit,

totum indebitum intelligitur, manente pris-
tinâ obligatione.

Lorsqu'on a donné en paiement une chose
qui excède la somme qui étoit due, et qu'il
n'est pas possible de distraire la partie qui
excède la valeur de la dette, le débiteur peut
revendiquer le tout, et l'obligation qu'il avoit
contractée existe en son entier.

OBSERVATION.

Un seul exemple expliquera suffisamment
cette règle.

Titius devoit 100 écus à Sempronius; croyant
qu'il devoit au-delà de cette somme, il lui a
abandonné en paiement un fonds qui valoit
500 fr.; comme on ne peut distinguer quelle
est la partie de ce fonds, qui représente les
100 écus qu'il devoit, il peut revendiquer le
fonds en entier en se soumettant à payer ce
qu'il devoit. Il est inutile d'observer que cette
règle ne peut s'appliquer qu'aux immeubles
et aux corps qui ne peuvent facilement se di-
viser : car si, croyant vous devoir cent livres,
pesant de bled, je vous donne en paiement un
sac qui contient deux cent quarante livres,
il n'y a pas de doute que je ne puisse vous
forcer à me rendre les cent quarante livres
que j'ai données de trop.

Parag.

§. I.

Is naturâ debet quem jure gentium dare oportet, cujus fidem secuti sumus.

L'obligation naturelle est celle qui est établie sur les principes du droit des gens, ou sur la foi d'autrui.

OBSERVATION.

Il s'agit ici de l'obligation purement naturelle qui, n'étant appuyée que sur l'équité, et n'étant revêtue d'aucunes des formes établies par les loix, pour en assurer la solidité, ne produit aucune action. Ainsi, si j'étois convenu verbalement avec mon débiteur, que je ne lui demanderois jamais la somme qu'il me doit, et pour laquelle il m'avoit fait un billet, cette promesse verbale n'éteint point l'obligation qu'il avoit contractée envers moi, et je pourrois nonobstant ma promesse, le poursuivre en vertu du billet.

REGLE LXXXV.

Paulus, lib 6, quæstionum.

In ambiguis pro dotibus respondere melius est.

Lorsqu'il y a du doute dans les termes d'une convention, on décide toujours en faveur de la dot.

I

OBSERVATION.

Les lois ont toujours prononcé en faveur de la dot, parce qu'il est intéressant que les femmes puissent par son moyen, trouver plus facilement à s'établir. Ainsi, un père qui s'est engagé à donner une certaine somme pour la dot de sa fille., est censé avoir promis cette somme sur ses propres biens, et non pas sur ceux de sa fille.

On trouve encore un autre exemple de ces dispositions dans les lois romaines. Un aïeul a constitué une somme pour la dot de sa petite-fille, et a stipulé qu'en cas de divorce, cette somme lui seroit rendue à lui ou à sa petite-fille, si elle se voyoit forcée de se séparer. Le cas étant arrivé l'aïeul étant mort, la petite-fille est préférée aux autres héritiers, quoique la condition les regardât aussi bien qu'elle

§. I.

Non est novum ut quae semel utiliter constituta sunt durent, licet ille casus extiterit à quo initium capere non potuerunt.

On ne peut pas toujours se pourvoir contre un acte qui étoit valide au moment où il a été fait, sous le prétexte que le contractant s'étoit vu dans la suite, hors d'état de pouvoir contracter.

OBSERVATIONS.

Pour établir la validité d'un acte, il suffit de prouver que celui qui l'a fait, pouvoit valablement contracter au moment où cet acte a été passé. Ainsi, un testament fait au moment où le testateur jouissoit de son bon sens, ne pourroit être cassé sous le prétexte que ce testateur est devenu fou, ou qu'il a essuyé après une sentence d'interdiction.

Ce seroit autre chose si le testateur, après avoir fait son testament, avoit essuyé un jugement qui emportât la mort civile ; car alors le domaine succédant aux biens du condamné, toutes les dispositions testamentaires faites avant ce jugement seroient annullées.

Un particulier stipule un droit de chemin en vertu duquel il lui est permis de passer de son fonds dans celui du voisin. Ensuite il aliène la partie de son fonds qui est proche de ce voisin ; cette aliénation détruit la convention précédente, la servitude étant un droit indivisible qui ne peut subsister lorsque le fonds est divisé, et la convention ne peut plus se soutenir, parce qu'elle n'auroit pas pu avoir lieu si les choses avoient été dans le même état au commencement. Voyez la loi 11, au digeste *de servitatibus*.

I 2

§. II.

Quoties aequitatem desiderii naturalis ratio, aut dubitatio juris moratur, justis decretis res temperanda est.

Toutes les fois qu'une demande, appuyée sur des principes d'équité, est balancée par d'autres principes également équitables, ou appuyée sur des moyens de droit douteux, il faut prendre un juste milieu, et se décider pour le parti qui approche le plus de la droite raison.

OBSERVATION.

Il arrive souvent que les deux parties alléguent en leur faveur des principes qui peuvent favoriser leurs prétentions, quoiqu'entièrement opposées. Alors le juge doit suivre ce que l'équité la plus exacte paroît exiger. Ainsi un homme qui, ayant atteint sa majorité, se pourvoit en rescision d'un acte qui lui est préjudiciable, la loi s'y oppose, puisqu'elle n'accorde cette faculté qu'aux mineurs; cependant si le juge trouve valables les raisons du majeur, il peut accorder les intérêts de celui-ci avec les prétentions de son adversaire, en suivant les règles que lui prescrit l'équité.

REGLE LXXXXVI.

Paulus, lib. 7, quæstionum.

Non solet deterior conditio fieri eorum qui litem contestati sunt , quàm si non , sed plerumque melior.

Celui qui poursuit son droit en justice réglée, est presque toujours traité plus favorablement que celui qui néglige cette formalité.

RÈGLE LXXXVII.

Paulus, lib. 13, quæstionum.

Nemo enim in persequendo deteriorem causam , sed meliorem facit : denique post litem contestatam hæredi quoque prospiceretur , et hæres tenetur ex omnibus causis.

En poursuivant son droit pardevant le juge qui a droit d'en connoître , bien loin de nuire à ses intérêts , on les soutient. Enfin, au moyen de la contestation en cause, on assure le droit de l'héritier qui peut exercer toutes ses actions contre ceux qui sont tenus de quelques obligations envers la succession.

OBSERVATIONS.

Il s'agit dans ces deux règles, dont l'une est la suite de l'autre, des effets des poursuites judiciaires, qu'on appelle contestation en cause.

La contestation en cause est la poursuite que l'on fait en justice d'un droit que l'on a à exercer. Mais pour que cette poursuite ait son effet, il ne suffit pas d'avoir cité son adversaire, il faut encore que celui-ci ait proposé ses moyens de défense, à moins qu'il ne se laisse condamner par défaut.

Les effets de cette poursuite sont, 1°. qu'elle interrompt la prescription, et que le possesseur ne peut plus opposer la bonne foi ; 2°. que l'instance nouée, il n'est plus permis aux parties de récuser le juge pour des causes antérieures à la contestation ; 3°. elle fait passer l'action aux héritiers du demandeur, qui peuvent continuer la poursuite et faire assigner en reprise d'instance les héritiers du défendeur ; 4°. elle proroge les actions qui pouvoient s'éteindre dans un plus bref délai. Ainsi un créancier qui obtient sentence contre son débiteur, peut exercer cette action pendant trente ans ; elle proroge aussi l'action d'injure verbale qui ne dure qu'un an.

RÈGLE LXXXVIII.

Scævola, lib. 5, quæstionum.

Nulla intelligitur ibi mora fieri ubi nulla petitio est.

L'on n'est pas en demeure lorsque l'on n'a pas exécuté une obligation qui étoit nulle dans son principe.

OBSERVATION.

Voyez la règle LXIII.

RÈGLE LXXXIX.

Paulus, lib. 10, quæstionum.

Quandiu possit valere testamentum, tandiu legitimus non admittitur.

Tant que l'héritier testamentaire peut agir en vertu du testament, il exclut l'héritier légitime.

OBSERVATION.

Cette règle n'a pas d'application parmi nous.

RÈGLE XC.

Paulus, lib. 15, quæstionum.

In omnibus quidem, maximè in jure civili aequitas spectanda est.

Il faut en tout, et sur-tout dans les juge-mens, suivre les règles prescrites par l'équité.

I 3

OBSERVATION.

On appelle équité l'adoucissement des principes trop sévères de la loi, qui, n'ayant pu
prévoir tous les cas, deviendroit souvent une
injustice si on l'appliquoit indistinctement. Le
juge doit donc peser dans sa sagesse les cas
sur lesquels la loi peut s'appliquer ; et si, par
les circonstances, il s'apperçoit qu'en l'ap-
pliquant à un cas qu'elle n'a pas clairement
prévu, il commettroit une injustice, il doit en
adoucir la rigueur, en suivant les règles que
l'équité naturelle lui prescrit ; mais cette règle
ne peut avoir lieu que dans les cas où elle
ne s'explique pas nettement ; car alors il doit
prononcer conformément à la loi , quelque
dure qu'elle soit ; puisqu'il n'appartient qu'au
souverain d'en adoucir la rigueur.

REGLE XCI.

Paulus, lib. 17, quæstionum.

*Quoties duplici jure defertur alicui suc-
cessio, repudiato novo jure quod ante defertur
supererit vetus.*

Toutes les fois qu'on est appelé à la succession, et par testament, et *ab intestat*, on
peut abandonner le testament et se porter
héritier, suivant le droit ancien.

OBSERVATION.

Cette règle n'est pas en usage parmi nous.

REGLE XCII.

Scævola, lib. 5, responsorum.

Si librarius in transcribendis stipulationis verbis errasset, nihil nocere quominus et reus et fidejussor teneatur.

L'erreur dans les termes de l'obligation de la part de celui qui transcrit un acte, n'empêche pas que le débiteur principal, ainsi que sa caution, ne soient tenus de remplir la convention.

OBSERVATIONS.

Il s'agit ici d'une erreur occasionnée par l'inadvertance de celui qui a transcrit un acte ; mais pour que cette erreur ne soit pas préjudiciable aux contractans, il faut qu'elle ne touche pas à la substance de l'acte. Ainsi, si au lieu d'exprimer dans le contrat de vente, un pré, on y inséroit la vente d'une vigne, l'erreur seroit à la charge de l'acquéreur, à moins que, par des indices certains, on pût prouver que l'intention des contractans étoit de traiter de la vente d'un pré. Mais si le rédacteur de l'acte se trompoit sur des qua-

lités extrinsèques à la substance de l'acte ; si ,
par exemple, il inséroit dans le contrat ,
que le vendeur vend un tel fonds qui lui
avoit été donné, quoiqu'il le possédât à un
autre titre, la vente n'en seroit pas moins
valide.

L'erreur de calcul ne peut non plus préjudicier à l'acte , et n'empêche pas qu'on ne
puisse demander un nouveau compte, à
moins qu'il ne soit intervenu un jugement ou
une transaction qui ait confirmé l'acte dont il
s'agit.

Il y en a qui prétendent que l'erreur de
calcul détruit l'effet de la transaction ; mais
ceci ne peut avoir lieu quand les parties ont
inséré dans l'acte la clause, *sauf erreur de
calcul*; sans cela , les parties contractantes
sont censées avoir bien réglé leurs comptes
avant de transiger.

Ce que nous disons ici des transactions peut
s'appliquer aux dispositions testamentaires.
Par exemple, si on a fait un legs conçu en
ces termes : Je donne et lègue mon fonds ,
que je tiens de Titius à titre de donation, à
Sempronius ; quand cela ne seroit pas, le
legs ne seroit pas moins valide , parce que
cette dénomination n'attaque point la substance du legs.

REGLE XCIII.

Marcianus, lib. 1, fidei commissorum.

Filius familias neque retinere, neque re-cuperare, neque adipisci possessionem rei peculiaris videtur.

Le fils de famille ne peut ni acquérir, ni retenir, ni recouvrer la possession de son pécule.

OBSERVATION.

Cette règle n'est d'aucun usage parmi nous.

REGLE XCIV.

Ulpianus, lib. 2, fidei commissorum.

Non solent quae abundant vitiare scrip-turas.

On ne peut arguer de nullité un acte parce qu'il renferme des clauses surabondantes.

OBSERVATION.

Quelquefois, en rappelant un article inséré dans un acte précédent, on y insère des clauses nouvelles qu'on suppose devoir expliquer plus clairement les intentions des contractans. Ces clauses, quoique surabondantes, ne nuisent point à l'acte précédent, à moins qu'elles ne contiennent des contradictions qui jettent du

doute sur la véritable intention des contractans.

REGLE XCV.

Ulpianus, lib. 6, fidei commissorum.

*Nemo dubitat solvendo videri eum qui de-
fenditur.*

On ne peut pas regarder comme insolvable
un débiteur qui, poursuivi en justice, trouve
un défenseur qui répond pour lui.

OBSERVATION.

Chez les Romains, celui qui se présentoit
en jugement pour défendre un absent qui
étoit regardé comme hors d'état de payer,
étoit obligé de donner caution, de payer le
principal et les frais.

REGLE XCVI.

Marcianus, lib. 12, fidei commissorum.

*In ambiguis orationibus maximè sen-
tentia spectanda est ejus qui eas protu-
lisset.*

Lorsque, dans un acte, il se trouve des
clauses ambiguës, on doit toujours avoir égard
à l'intention des contractans.

OBSERVATIONS.

Lorsque dans un acte, il se trouve des

clauses dont on ne peut pas pénétrer le véritable sens ; si , par exemple , on n'avoit pas exprimé clairement la quantité et la qualité des grains que doit fournir un fermier , il faudroit s'en rapporter à l'intention des contractans, si l'on peut juger par des circonstances , quelle a pu être cette intention.

Il faut bien observer que l'ambiguïté d'un acte est toujours contraire au demandeur , lorsqu'on ne peut décider absolument quelle a pu être son intention, parce qu'il doit s'imputer de ne s'être pas expliqué plus clairement.

REGLE XCVII.

Hermogenianus, lib. 3, juris epitomarum.

Ea sola deportationis sententia aufert quae ad fiscum perveniunt.

La sentence de déportation n'emporte que la perte des biens dont le domaine a le droit de s'emparer.

OBSERVATION.

La déportation est une peine capitale qui prive le condamné du droit de cité. Il s'ensuit que ne pouvant plus rien posséder dans le pays qui l'a rejeté de son sein, tous ses biens sont confisqués au profit du domaine ; mais cette confiscation ne peut préjudicier aux

droits des créanciers, qui ne doivent pas souffrir d'un délit auquel ils n'ont eu aucune part.
Il est donc de toute justice que ces créanciers
soient préférés au domaine, qui ne peut exercer ses droits qu'après qu'ils auront obtenu ce
qui leur étoit légitimement dû.

RÈGLE XCVIII.

Hermogenianus, lib. 4, juris epitomarum.

*Quoties utriusque causa lucriratio verti-
tur, is praeferendus est cujus in lucrum causa
tempore praecedit.*

Toutes les fois que deux personnes forment
leur demande pour obtenir la même chose à
titre lucratif, on préfère celui dont le titre
est antérieur.

OBSERVATIONS.

Il s'agit ici de deux donataires à qui on a
fait donation d'une même chose en différens
tems. Il n'est pas douteux que celui à qui la
donation a d'abord été faite, ne doive être
préféré à celui dont le titre est postérieur.

Il en est de même pour ce qui concerne
l'hypothèque. C'est un principe, que la prio-
rité du titre exclut ceux qui n'ont que des
titres postérieurs.

Il est bon d'observer que ce que nous avons

dit des donataires ne peut s'entendre que des donations entre-vifs, qui, étant irrévocables de leur nature, transfèrent au donataire un droit qu'il ne peut perdre que par son fait; mais s'il s'agissoit des donations pour cause de mort, qui sont de véritables legs, cette règle ne pourroit pas leur être appliquée ; car alors ces deux donataires ayant un titre égal, ils ont le même droit à la chose. Ainsi, si je lègue par mon testament, ma maison à Titius, et que par un codicile, je lègue cette même maison à Mævius, il auront droit de partager la maison entre eux, si je ne révoque pas dans mon codicile, le legs précédemment fait à Titius.

REGLE XCIX.

Venuleius, lib. 12, stipulationum.

Non potest improbus videri qui ignorat quantum solvere debeat.

On ne peut pas taxer de mauvaise foi celui qui ignore ce qu'il est tenu de payer.

OBSERVATION.

On ne peut taxer de mauvaise foi un débiteur qui diffère son paiement sous le prétexte qu'il ignore en quoi consiste la dette. Par exemple, celui qui, ayant plusieurs titres de créances et de dettes avec le demandeur, lui oppose qu'il n'y a pas de compte arrêté entre eux, n'est pas fautif en lui signifiant qu'il est prêt à payer lorsqu'il sera instruit de ce qui lui est véritablement dû. Voyez sur cette règle, la règle LXIII.

RÈGLE C.

Gaïus, lib. 1, regularum.

Omnia quae jure contrahuntur, contrario jure pereunt.

Une obligation contractée suivant les formes établies par les lois, se dissout par une obligation contraire.

OBSERVATION.

Voyez la règle XXXV.

RÈGLE CI.

Paulus, lib. singulari, de cognitionibus.

Ubi lex duorum mensium fecit mentionem, et qui sexagesimo et primo die venerit audiendus est, ita enim imperator Antoninus cum divo patre suo rescripsit.

Lorsque la loi a fixé le délai de deux mois, on peut se présenter le soixante et unième jour : c'est ainsi que l'ont décidé les empereurs Sévère et Antonin.

OBSERVATIONS.

OBSERVATIONS.

Cette règle s'applique à tous les cas où la loi accorde un délai fixe, pour former son action ; comme les deux mois forment ordinairement soixante et un jours, on ne compte pas les mois sur le pied de trente jours chacun, mais sur le pied de soixante et un jours les deux.

Si cependant, on étoit convenu d'un délai de soixante jours, et non pas de deux mois, le délai est fixé au nombre de jours exprimé dans l'acte, et on ne seroit pas admis à exercer son droit le soixante et unième jour.

Une preuve que le mois ne se réduit pas à trente jours, c'est qu'une donation faite le 11 floréal, peut être insinuée le 13 fructidor suivant, quoique l'intervalle qui s'est écoulé entre ces deux dates, soit de cent vingt-deux jours.

Il faut encore conclure de cette règle que le dernier jour du délai, fait partie du délai.

REGLE CII.

Ulpianus, lib. 1, ad edictum.

Qui vetante praetore fecit, hic adversus edictum fecisse propriè dicitur.

Celui qui n'obéit pas à l'ordre du juge, est censé contrevenir à la loi.

K.

OBSERVATION.

Le juge n'agissant qu'au nom de la loi, c'est violer la loi que de ne pas obéir à celui qui en est l'organe.

V E R S I C U L U S.

Ejus est actionem denegare qui possit et dare.

Celui-là seul peut refuser l'action, qui a le droit de l'accorder.

OBSERVATION.

Cette règle ne peut s'appliquer qu'aux formules établies par le préteur dans le tableau qu'il affichoit chaque année, formules dont on ne pouvoit pas s'écarter sans courir le risque de se voir déchû de son droit. Ceci n'est d'aucun usage parmi nous.

R E G L E C I I I.

Paulus, lib. 1, ad edictum.

Nemo de domo suâ extrahi debet.

Il n'est pas permis de tirer par force un citoyen de sa maison.

OBSERVATION.

La maison d'un citoyen est regardée comme un asile sacré d'où il ne peut être tiré par force lorsqu'il s'agit d'une dette entre particuliers ; mais, s'il s'est rendu coupable d'un crime, on peut l'enlever de sa propre maison, et le traduire en jugement, en vertu d'une ordonnance du juge. Il en est de même s'il est débiteur ou comptable des deniers publics, ou s'il se tient renfermé dans sa maison pour se soustraire à l'exercice d'une charge publique à laquelle il a été nommé.

REGLE CIV.

Ulpianus, lib. 2, ad edictum.

Si in duabus actionibus aliter summa major, aliter infamia est, praeponenda est causa existimationis : ubi autem aequiparant famosa judicia, et si summam imparem habeant, pro paribus accipienda sunt.

Lorsque deux parties exercent l'une contre l'autre deux actions différentes, dont l'une entraîne une peine infamante, et l'autre ne produit que des dommages et intérêts, on doit d'abord examiner celle des deux actions qui peut procurer la punition du coupable, sans s'embarasser de l'autre, quoiqu'en exerçant simplement l'action civile on puisse, par son moyen, se procurer des dommages et intérêts plus considérables.

K 2

OBSERVATION.

Il s'agit ici d'une action préjudicielle qui doit être terminée avant les autres chefs du procès qui en dépendent, et que l'on ne peut pas cumuler. Si, par exemple, l'une des parties poursuit une action civile, l'autre une action criminelle, il faut en premier lieu discuter l'action criminelle comme intéressant plus essentiellement l'ordre public. Ainsi, si l'une des parties demande une somme qui lui est due en vertu d'un billet, et que le défendeur s'inscrive en faux contre le billet, il faut commencer par examiner l'inscription en faux; mais, si les deux actions sont criminelles, on doit les discuter en même tems, comme s'il s'agissoit de deux larcins dont les parties s'accuseroient mutuellement quand l'un seroit plus considérable que l'autre. C'est ce qu'on nomme récrimination, lorsque l'un rejette sur l'autre l'accusation formée contre lui, on examine d'abord les qualités, et d'après cela on décide sur qui tombera la récrimination.

REGLE CV.

Paulus, lib. 1, ad edictum.

Ubicumque causae cognitio est, ubi prae-
tor desideratur.

Il faut s'adresser au juge, toutes les fois qu'une affaire ne peut être terminée qu'avec connoissance de cause.

OBSERVATION.

Voyez la loi LXXI.

REGLE CVI.

Paulus, lib. 2, ad edictum.

Libertas inestimabilis res est.

La liberté est un bien inestimable.

OBSERVATION.

Cette règle n'a pas besoin d'explication.

REGLE CVII.

Gaïus, lib 1, ad edictum provinciale.

Cum servo nulla actio est.

On ne peut intenter aucune action contre un esclave.

OBSERVATION.

L'esclave étant censé mort civilement, on ne pouvoit intenter aucune action contre lui, mais, si l'esclave avoit causé quelque dommage, on pouvoit poursuivre son maître qui étoit responsable de ses faits.

REGLE CVIII.

Paulus, lib. 4, ad edictum.

Ferè in omnibus penalibus judiciis et aetati et imprudentiae succurritur.

K 3

Dans tous les cas où la loi prononce une punition, on a presque toujours égard à l'âge ou à l'imprudence de celui qui a commis le crime.

OBSERVATION.

Un mineur qui s'est mis dans le cas d'éprouver les rigueurs de la loi, peut espérer quelqu'adoucissement, s'il peut prouver que c'est par pure ignorance et sans dessein de nuire qu'il s'est porté à commettre une action qui mérite punition ; mais, pour obtenir cet adoucissement, il faut qu'il soit absolument exempt du soupçon de fraude. Il faut encore supposer que le crime dont il s'agit, ne soit pas reprimé par une loi qui prononce clairement la peine qu'a encourue le coupable, car, alors le juge ne pourroit pas l'acquitter. Il ne pourroit l'être que sur des preuves certaines de son ignorance ou d'une imprudence excusable dans un âge aussi tendre.

REGLE CIX.

Paulus, lib. 5, ad edictum.

Nullum crimen patituris qui non prohibet cum prohibere non potest.

On n'est pas répréhensible lorsqu'on ne s'oppose pas à une chose qu'on n'étoit pas le maître d'empêcher.

OBSERVATION.

Voyez la règle L.

REGLE CX.

Paulus, lib. 6, ad edictum.

In eo quod plus sit, semper inest et minus.

Celui qui peut demander plus, peut demander moins.

OBSERVATION.

Un créancier à qui il est dû 300 francs, peut se borner à demander 150 francs, et alors, en acceptant les 150 francs, le débiteur est absolument libéré, parce que se contentant de cette somme, il est censé avoir fait remise de l'excédent. Mais, celui qui s'est rendu caution pour une plus grosse somme que celle dont le débiteur principal l'avoit prié de cautionner, ne peut pas alléguer que le cautionnement est nul, parce qu'il excède la somme qu'on l'avoit engagé à cautionner, parce qu'il est garant de son obligation.

§. I.

Nemo alienae rei expromissor idoneus videtur, nisi cum satisdatione.

On ne peut se charger de la cause d'autrui qu'en donnant caution.

K 4

OBSERVATION.

Il s'agit ici d'un homme qui se charge de
la cause d'autrui, de manière, qu'en pre-
nant sur lui toute l'obligation, il décharge
le débiteur principal. Il faut dans ce cas, qu'il
donne caution suffisante de payer le principal
et les frais s'il vient à succomber dans la demande. Cette règle n'a lieu parmi nous que
relativement aux étrangers qui intentent un
procès, et qui n'ont aucun bien en évidence.

§. II.

Pupillus pati posse non intelligitur.

Un pupille n'est jamais censé avoir consenti à un acte qui peut lui être préjudiciable.

OBSERVATION.

Le pupille étant censé n'avoir aucune volonté, ne peut être considéré comme ayant
consenti à une entreprise qui lui est préjudiciable. Ainsi, si un voisin a par une nouvelle construction, causé quelque dommage à
un fonds appartenant à un pupille, ce pupille devenu majeur, peut demander la des-
truction de l'édifice qui nuit à son fonds, et
le voisin ne peut alléguer en sa faveur le
consentement présumé du pupille qui, ayant

en connoissance de cette nouvelle construction, ne s'y est pas opposé.

§. III.

Ubi verba conjuncta non sunt, sufficit
alterutrum esse factum.

Lorsque la clause d'une convention est al-
ternative, il suffit d'accomplir une des deux
conventions qui y sont contenues.

OBSERVATION.

Un débiteur qui s'est soumis à payer telle
ou telle chose, peut se libérer en payant
celle des deux choses qu'il voudra choisir ;
et quand une fois il a fait son choix, il ne
peut plus varier. Il y a cependant des cas
où le créancier a le droit de choisir. Une
femme, par exemple, qui a stipulé que sa
dot lui seroit rendue en espèces ou la valeur
à son choix, peut prendre le parti qu'elle
voudra, c'est à-dire, se déterminer pour le
fonds ou par la valeur du fonds.

Quand nous disons que le débiteur peut
choisir ce qu'il veut payer, il faut supposer
que les deux choses dont il s'étoit réservé le
choix, existent encore, car, si l'une de ces
deux choses venoit à périr, il seroit tenu de
délivrer celle qui reste.

§. IV.

Mulieribus tunc succurendum est cum defraudantur, non ut facilius calumnientur.

La loi vient au secours des femmes lorsqu'elles sont trompées, mais elle ne les favorise pas lorsqu'elles veulent tromper les autres.

OBSERVATION.

Ce paragraphe a rapport au senatus-consulte velleïen qui n'est pas admis parmi nous.

REGLE CXI.

Gaïus, lib. 2, ad edictum provinciale.

Pupillum qui proximus pubertati sit, capacem esse et furandi et injuriae ferendae.

Un pupille qui approche de la puberté, est censé capable de commettre un vol ou tout autre délit.

OBSERVATION.

Lorsqu'un pupille qui approche de la puberté, s'est rendu coupable d'un vol, ou qu'il a fait tort à quelqu'un, il ne peut pas toujours s'excuser sur la foiblesse de son âge; si l'on peut prouver qu'il avoit une parfaite connoissance du délit qu'il a commis, il est sujet à la punition. Tout ce qu'on peut faire en sa faveur, c'est d'adoucir la peine qu'il a encourue, en lui faisant connoître qu'il mé- ritoit d'être traité avec plus de rigueur.

§. I.

In haeredem non solent actiones transire quae paenales sunt ex maleficio, veluti furti, damni, injuriae, vi bonorum raptorum, injuriarum.

Les héritiers ne sont pas ordinairement tenus des poursuites criminelles qui résultent des crimes dont le défunt s'étoit rendu cou- pable, tels que le vol, le tort fait de dessein prémédité, la calomnie, etc.

OBSERVATION.

Le crime s'éteint avec son auteur, la pu- nition qu'il avoit méritée ne peut donc pas retomber sur son héritier. Il n'en est pas de même des dommages et intérêts qu'on avoit obtenus contre lui; l'héritier en est tenu, parce que ces dommages et intérêts affectent les biens du défunt, et que l'héritier est tenu de toutes les charges de la succession.

REGLE CXII.

Paulus, lib. 8, ad edictum

Nihil interest ipso jure quis actionem non habeat, aut per actionem infirmetur.

On n'est pas censé avoir une action lorsque cette action peut être annulée par une exception péremptoire.

OBSERVATION.

Il y a des actes qui sont nuls de plein droit, et d'autres qui deviennent nuls par le moyen d'une exception péremptoire. Les premiers sont regardés comme non avenus. Par exemple, une obligation passée par un pupille sans l'autorité de son tuteur, etc. Les seconds sont valables, mais ils ne produisent aucun effet lorsqu'on peut leur opposer une exception péremptoire. Voyez ce que nous avons dit sur la règle XIII.

REGLE CXIII.

Gaïus, lib. 2, ad edictum provinciale.

In toto et pars continetur.

La partie est comprise dans le tout.

OBSERVATION.

Voyez la règle CX.

REGLE CXIV.

Paulus, lib. 9, ad edictum.

In obscuris inspici solere quod verisimilius est aut quod plerumque fieri solet.

Dans les clauses obscures, on s'arrête à ce qui est le plus vraisemblable, ou à ce qui arrive le plus ordinairement.

OBSERVATIONS.

Au défaut du vrai, on est quelquefois forcé de s'arrêter à ce qui est vraisemblable. Cette vraisemblance se tire des circonstances qui ont accompagné l'acte que l'on a contracté. Il faut examiner la nature de cet acte, la qualité des choses qui en font le sujet, et la qualité des personnes qui ont contracté. Par exemple, si plusieurs témoins ne sont pas d'accord sur un fait, il faut s'arrêter sur les témoignages de ceux qui se rapprochent le plus de la vérité.

On regarde encore comme vraisemblables, les dispositions fondées sur l'affection établie par la nature, entre les personnes unies par les liens du sang. Par exemple, un testateur charge son fils d'un fidéicommis en faveur d'un tiers, si son fils meurt avant d'avoir atteint sa trentième année. Si ce fils meurt avant trente ans, et qu'il laisse des enfans, on regarde le fidéicommis comme non avenu, parce que l'on présume que le testateur n'auroit pas fait cette disposition s'il eut prévu que son fils dut lui laisser des héritiers légitimes.

Voyez la loi 102, au digeste, *de conditio-nibus et demonstrationibus.*

REGLE CXV.

Paulus, lib. 10, ad edictum.

Si quis obligatione liberatus sit, potest videri cepisse.

Celui qui se trouve libéré par une quittance d'une somme qu'il devoit à son créancier, est censé avoir touché réellement la somme dont il a reçu quittance.

OBSERVATION.

Recevoir de l'argent ou une quittance de la somme qu'on devoit, c'est absolument la même chose, puisque dans le cas où l'on n'auroit pas reçu la quittance, on auroit été obligé de payer. Ainsi, un débiteur qui auroit reçu de son créancier une quittance de la somme qu'il lui devoit, à condition que ce débiteur intenteroit une action injuste contre un tiers, est censé avoir réellement reçu la somme portée dans la quittance, et doit subir les dommages et intérêts qui résultent d'une demande injuste.

§. I.

Non potest videri accepisse qui stipulatus potest exceptione summoveri.

On ne peut regarder comme une véritable obligation celle qui peut être annullée par une exception.

OBSERVATION.

Voyez la règle CXIII.

REGLE CXVI.

Ulpianus, lib 2, ad edictum.

Nihil consensui tam contrarium est qui et bonae fidei judicia sustinet, quàm vis atque metus, quem comprobare contra bonos mores est.

Il n'y a rien d'aussi contraire au consentement qui est la base des conventions, que la crainte ou la violence qui sont proscrites par toutes les lois.

OBSERVATION.

Toutes les conventions étant appuyées sur le consentement des parties, ces conventions sont absolument nulles si elles sont extorquées par la crainte ou par la violence. Mais pour que cette crainte ou cette violence puissent être apposées valablement, il faut qu'elles soient de nature à détruire le consentement; ainsi, une simple menace ne suffiroit pas pour demander la nullité d'un acte; il est néces-

saire que celui qui se plaint puisse prouver
qu'il avoit sujet de craindre que cette menace
n'eut son effet.

§. I.

Non capitur qui jus publicum sequitur.

On n'est pas censé lésé, lorsqu'en contractant on a suivi les formes établies par le droit
public.

OBSERVATIONS.

En vain, allégueroit-on que l'on a été lésé
dans une obligation, si en contractant on a
suivi les formes établies par la loi. Ainsi, un
mineur, malgré le privilège qui lui est accordé
par la loi, d'attaquer solidairement toutes les
cautions qui se sont engagées pour son tuteur, divise son action en poursuivant chacune d'elles séparément. Dans le cas où l'un
des répondans deviendroit insolvable pendant
la contestation, il ne pourroit plus exercer
l'action solidaire contre les autres, parce que
ne l'ayant pas exercée dans le commencement
comme il le pouvoit, il est présumé y avoir renoncé; et il n'auroit pas le droit de se plaindre
qu'il a été trompé, puisqu'en divisant son action il a suivi les formes établies par le droit
commun, qui accorde ce bénéfice aux cautions.
Un

Un vendeur qui se plaindroit d'avoir vendu au-dessous du prix effectif, ne seroit pas admis à se pourvoir contre la vente, à moins qu'il ne prouvât que la lésion a excédé plus que la moitié de la valeur.

§. II.

Non videntur qui errant consentire.

Celui qui est dans l'erreur, n'est pas censé avoir donné son consentement.

OBSERVATION.

Il ne suffit pas de dire qu'on a été trompé, il faut encore le prouver.

RÈGLE CXVII.

Paulus, lib. 2, ad edictum.

Praetor bonorum possessorem haeredis loco in omni causâ habet.

Le préteur, en accordant la possession des biens, donne au possesseur tous les droits dont doit être revêtu l'héritier.

OBSERVATION.

La loi des douze tables n'admettoit que deux sortes de personnes à la succession légitime, les enfans sous la puissance du testateur et les agnats. Par exemple, ceux qu'on appeloit

L

cognats, quoique les plus proches dans la
parenté se trouvoient exclus. Le préteur en
corrigeant la rigueur de la loi, les appelloit
au défaut des premiers, et leur accordoit la
possession des biens qui avoit pour eux le
même effet que s'ils eussent été véritablement
appelés à la succession par la loi elle même.
Ceci n'est pas en usage parmi nous.

REGLE CXVIII.

Ulpianus, lib. 12, ad edictum.

*Qui in servitute est usu capere non potest;
nam cum possideatur possidere non videtur.*

L'esclave ne peut pas prescrire, puisque
l'on ne peut posséder lorsqu'on est soi même
en la possession d'autrui.

OBSERVATION.

Comme l'esclavage est inconnu parmi nous,
nous ne dirons rien de cette règle.

REGLE CXIX.

Ulpianus, lib. 13, ad edictum.

*Non alienat qui dumtaxat omittit posses-
sionem.*

Celui qui néglige de se mettre en possession d'une chose à laquelle il a droit, n'est
pas censé aliéner.

OBSERVATION.

Le mot *aliénation*, pris dans son sens naturel, signifie l'abandon de sa propriété en faveur d'un autre. Il est certain que celui qui ne possédoit pas encore une chose, quoiqu'il eut droit d'en jouir, n'est pas censé l'aliéner lorsqu'il néglige de s'en mettre en possession; mais, si cette négligence de sa part nuit à ses créanciers qui avoient droit d'exercer leur créance sur tous ses droits et actions, au moyen de l'obligation qu'il avoit contractée avec eux, il est certain que ces créanciers peuvent se faire substituer en son lieu et place, parce qu'ils ne doivent pas souffrir de la négligence de leur débiteur, négligence qu'on peut suspecter de fraude. C'est le sentiment de Mornac et des meilleurs jurisconsultes français.

REGLE CXX.

Paulus, lib. 12, ad edictum.

Nemo plus commodi haeredi suo relinquit, quàm ipse habuit.

On ne peut transmettre à son héritier que le droit qu'on a.

OBSERVATION.

Voyez la loi LIV.

L 2

REGLE CXXI.

Paulus, lib. 13, ad edictum.

Qui non facit quod facere debet, videtur facere adversus ea, quae non facit : et qui facit quod facere non debet, non videtur facere id quod jussus est.

Celui qui ne fait pas ce qu'il étoit tenu de faire, est censé aller directement contre ce qu'il avoit promis : et celui qui fait ce qu'il ne devoit pas faire, ne remplit pas la convention à laquelle il s'étoit engagé.

OBSERVATIONS.

L'effet de la convention est d'astreindre les contractans à suivre les clauses de cette convention. Ainsi, celui qui ne remplit pas l'obligation par laquelle il s'étoit engagé à faire telle ou telle chose, va directement contre les termes de sa convention, et il est responsable de son inaction. Par exemple, un débiteur qui, de dessein prémédité, néglige de se présenter en justice et laisse périr l'instance, ou qui ne fait aucunes poursuites contre ses débiteurs dans le tems où ils étoient solvables, est tenu de sa négligence envers ses créanciers. Il en est de même, si par trop de précipitation il fait directement le contraire de ce qui lui étoit prescrit.

Cette règle, une des plus générales qui soient dans la jurisprudence, s'étend à tout ce qui est ordonné ou défendu par les lois, auxquelles on ne contrevient pas moins en négligeant de faire ce qu'elles ordonnent, qu'en faisant ce qu'elles ne permettent pas.

RÈGLE CXXII.

Gaïus, lib. 5, ad edictum provinciale.

Libertas omnibus rebus favorabilior est.

Dans toutes les causes, celle qui concerne la liberté a toujours la préférence.

OBSERVATION.

Cette règle n'est d'aucun usage parmi nous; dans la législation présente, tout doit s'adapter à ce principe.

RÈGLE CXXIII.

Ulpianus, lib. 4, ad edictum.

Nemo alieno nomine lege agere potest.

On ne peut pas, suivant les lois, agir en justice pour autrui.

OBSERVATION.

Dans nos mœurs, tout homme fondé de

L 3

pouvoirs, peut se présenter en jugement pour autrui, même en matière criminelle. Ce qui est appuyé sur l'équité naturelle qui veut qu'un accusé ne soit pas condamné sans avoir proposé ses moyens de défense.

§. I.

Temporaria permutatio jus provinciae non minuit

Un changement fait pour un tems déterminé dans une province, ne détruit pas les droits dont elle jouissoit.

OBSERVATION.

Une province envahie par l'ennemi pour un tems, ne perd pas les droits qui lui appartenoient ; elle ne fait que cesser de les exercer pendant le tems de l'invasion, et peut les réclamer lorsqu'elle est revenue à son premier état.

REGLE CXXIV.

Paulus, lib. 16, ad edictum.

Ubi non voce sed praesentiâ opus est, mutus si intellectum habet potest videri respondere. Idem in surdo. Hic quidem et respondere potest.

Les sourds et les muets peuvent passer tous

les actes qui ne demandent que leur présence,
pourvu qu'ils aient une connoissance suffisante de l'affaire que l'on traite.

OBSERVATION.

Cette règle est une conséquence du droit
romain qui avoit établi les stipulations qui
consistoient dans l'interpellation solemnelle
du créancier à son débiteur, qui répondoit
conformément à la demande, mais comme
ces formes anciennes ne sont pas admises
parmi nous, il suffit qu'un sourd et un muet
connoissent parfaitement l'affaire qui les concerne, pour pouvoir contracter valablement.

§. I.

*Furiosus absentis loco est : et ita Pom-
ponius lib.* I, *epistolarum scribit.*

Les fous sont comparés aux absens. C'est le
sentiment de Pomponius, liv. 1, de ses épîtres.

OBSERVATION.

Par le mot *absent,* on entend ici l'absence
d'esprit qui s'oppose invinciblement à ce
qu'un fou puisse aucunement contracter.

REGLE CXXV.

Gaïus, lib. 5, ad edictum provinciale.

*Favorabiliores rei potius quam actores ha-
bentur.*

L 4

En général, la cause du défendeur est traitée plus favorablement que celle du demandeur.

OBSERVATIONS.

On ne peut pas conclure de cette règle que le défendeur ait un avantage certain sur le demandeur, ce qui est faux; puisque le juge ne doit prononcer qu'après avoir discuté mûrement les parties. Il s'ensuit simplement, que dans une demande contradictoire, on traite plus favorablement celui qui demande son renvoi, que celui qui poursuit la condamnation de son adversaire.

Ainsi, c'est au demandeur à fournir les titres sur lesquels il se fonde pour appuyer sa demande, et il ne peut pas raisonnablement, exiger que le défendeur lui fournisse des armes contre lui.

On accorde plus facilement des délais au défendeur qu'au demandeur, parce que le défendeur n'ayant pas prévu la demande qu'on forme contre lui, peut demander plus de tems pour travailler à sa défense.

Le défaut de preuves, de la part du demandeur, lui fait perdre sa cause, sans qu'il soit besoin que le défendeur propose ses moyens d'atténuation.

On peut appliquer cette règle à ceux qui

sont accusés d'un crime ; on ne peut les condamner que d'après les preuves les plus évi-
dentes.

REGLE CXXVI.

Ulpianus , lib. 15 , ad edictum.

Nemo praedo est qui pretium numeravit

On n'est pas censé avoir usurpé une chose
dont on a payé la valeur.

OBSERVATION.

Un acquéreur de bonne foi qui a payé le
prix de la chose qu'il a achetée , ne peut pas
être regardé comme un usurpateur. Il en est
quitte pour restituer la chose avec les fruits
au véritable propriétaire , sauf son recours
contre le vendeur. Il n'en est pas de même
du possesseur de mauvaise foi , qui est tenu
non-seulement de restituer les fruits qu'il a
perçus , mais encore , de tenir compte au propriétaire , des pertes qu'il a essuyées et des
profits qu'il auroit pu retirer de la chose qui
lui appartient.

§. I.

*Locupletior non est factus qui libertum
acquisierit.*

Celui qui acquiert un affranchi , n'est pas
censé avoir augmenté sa propriété.

OBSERVATION.

Ce paragraphe ne peut avoir d'application parmi nous.

§. II.

Cum de lucro duorum quaeratur, melior est causa possidentis.

Lorsqu'il s'agit de se décider pour ce qui est le plus avantageux à l'une des deux parties, la préférence est accordée au possesseur.

OBSERVATION.

Voyez la règle XXXIII.

REGLE CXXVII.

Paulus, lib. 20, ad edictum.

Cum prætor in hæredem dat actionem, quantum ad eum pervenit, sufficit si vel momento ad eum pervenerit ex dolo defuncti.

Lorsque le préteur accorde une action contre l'héritier pour le forcer de payer au prorata de ce qu'il a retiré de la succession, il doit tenir compte des choses qu'il a en sa possession, n'y fussent elles restées qu'un instant.

OBSERVATIONS.

Il s'agit ici d'un héritier de mauvaise foi qui doit tenir compte de tout ce qu'il a eu en sa disposition quand il n'auroit possédé qu'un instant, parce qu'alors il est censé participant de la fraude commise par le défunt.

Il n'en est pas de même du possesseur de bonne foi qui n'est tenu de rendre que les objets qui sont en sa possession et dont il a retiré quelque profit, car si ces objets avoient péri sans qu'il y eut de sa faute, il n'en seroit pas comptable.

REGLE CXXVIII.

Paulus, lib. 19, ad edictum.

In pari causâ possessor potior haberi debet.

Lorsque les deux parties appuyent leur demande sur un titre égal, on juge toujours en faveur du possesseur.

OBSERVATIONS.

Si le demandeur revendique une chose dont il prétend être propriétaire, le défendeur sera maintenu dans sa possession, quand il n'auroit pas de titre pour la justifier; dans le cas ou le demandeur n'aura pas de titre suffisant pour établir sa prétention.

Si deux personnes ont acheté séparément la même chose du même vendeur, celui des deux qui est en possession sera préféré, quand même il auroit acheté postérieurement à l'autre.

En supposant, toutefois, qu'ils sont tous deux acquéreurs de bonne foi.

§ I.

Hi qui in universum jus succedunt, hae-redis loco habentur.

Celui qui succède dans tous les droits et actions du défunt, passe à juste titre pour héritier.

OBSERVATIONS.

Cette règle peut s'appliquer aux substitu-tions directes et indirectes, et aux donations universelles.

Le substitué à tous les biens, soit direc-tement, soit indirectement, tient la place de l'héritier et répond de toutes les charges de la succession.

Il en est de même du légataire universel et du donataire de tous les biens, parce qu'il est juste qu'ayant tout le profit de la chose, ils en supportent toutes les charges.

REGLE CXXIX.

Paulus, lib. 21, ad edictum.

Nihil dolo creditor facit qui suum recipit.

On ne peut accuser de fraude un créan-cier qui a reçu ce qui lui est dû.

OBSERVATIONS.

Pour que le créancier ne puisse pas être poursuivi à raison de la fraude dont on peut le soupçonner, il suffit qu'il ait reçu de bonne foi ce qui lui est dû, encore que sa dette payée, il ne reste plus de quoi satisfaire les autres créanciers.

Ainsi, le possesseur d'un héritage ayant payé de bonne foi les créanciers héréditaires, et ayant été condamné depuis à restituer la succession au véritable héritier, on ne seroit pas fondé à demander aux créanciers ce qu'ils ont reçu, parce qu'il n'importe de quelle manière ils ont été payés pour que la dette soit éteinte. Loi 5 au digeste, *de petitione haereditatis.*

Mais, si le créancier avoit employé la fraude pour se faire payer au préjudice des autres créanciers; si, par exemple, il avoit exigé par surprise le paiement de ce qui lui est dû, au préjudice d'une saisie faite au nom de tous les créanciers, il seroit obligé de rapporter.

§. I.

Cum principalis causa non subsistit, ne ea quidem quae sequuntur locum habent.

L'accessoire périt avec la cause principale.

OBSERVATION.

Nous donnerons l'explication de ce paragraphe à la règle CLXVIII ci-dessous.

REGLE CXXX.

Ulpianus, lib. 18, ad edictum.

Nunquam actiones praesertim paenales de eâdem re concurrentes, alia alium consumunt.

Lorsque l'on a plusieurs actions à exercer relativement à un même fait, l'une ne détruit pas l'autre, sur-tout s'il s'agit d'une poursuite au criminel.

OBSERVATIONS.

Cette règle ne peut s'entendre que des actions pénales, car, si en matière civile on a obtenu ce qu'on avoit droit de prétendre, l'on ne peut pas intenter une autre action contre le débiteur, puisque ce seroit demander deux fois la même chose.

Dans les actions qui tendent à poursuivre la punition d'un crime et les dommages résultant de cette action, il n'est pas nécessaire d'intenter deux actions, il s'agit de prendre des conclusions tendantes à la punition du crime et aux dommages et intérêts que l'on a droit d'exiger. Et alors, on peut dire qu'on a cumulé en quelque manière l'action criminelle avec l'action civile, mais, celle-ci est moins une action qu'une suite et une dépendance de l'autre.

REGLE CXXXI.

Paulus, lib. 24, ad edictum.

Qui dolo desierit possidere pro possidente damnatur, quia pro possessione dolus est.

On est toujours censé possesseur d'une chose dont on a abandonné frauduleusement la possession, parce que la fraude tient lieu de cette possession

OBSERVATIONS.

Celui qui étant en possession d'une chose qui ne lui appartenoit pas, la fait passer à une tierce personne pour éviter les poursuites qu'on pourroit faire contre lui, est toujours dans le cas d'être poursuivi comme véritable possesseur, parce que la fraude qu'il a employée est un titre contre lui. Ainsi, un débiteur ne peut pas aliéner une chose sur laquelle le créancier a des droits, au préjudice de ce même créancier qui a la faculté de le poursuivre, abstraction faite de cette aliénation frauduleuse qui ne doit pas lui préjudicier.

Il ne faut pas étendre cette règle à la prescription ; car si l'on cesse frauduleusement de posséder une chose, la fraude n'est pas un titre pour pouvoir prescrire, comme si l'on avoit toujours eu la chose en sa possession.

REGLE CXXXII.

Gaïus, lib. 5, ad edictum provinciale.

Imperitia culpae adnumeratur.

L'ignorance est regardée comme une négligence dont on est responsable.

OBSERVATION.

Un homme qui se charge de faire une chose au-dessus de sa portée, est tenu de réparer les dommages résultant de son ignorance. Ainsi, un architecte qui se charge moyennant un prix convenu, de construire un bâtiment, répond de sa construction pendant un an et un jour. Un arpenteur qui auroit donné de fausses mesures, seroit tenu de recommencer son opération sans pouvoir exiger un double salaire, parce que c'est par sa faute qu'il s'est mis dans le cas de doubler son travail.

Voyez encore la règle CXXX.

REGLE

REGLE CXXXIII.

Gaïus, lib. 8, ad edictum provinciale.

Melior conditio nostra per servos fieri po-test, deterior fieri non potest.

Un esclave peut améliorer notre condition, mais il ne peut pas préjudicier à nos droits.

OBSERVATION.

Cette règle n'est d'aucun usage parmi nous.

REGLE CXXXIV.

Ulpianus, lib. 21, ad edictum.

Non fraudantur creditores cum quid non acquiritur à debitore, sed cum quid de bo-nis diminuitur.

Un débiteur qui refuse d'augmenter son patrimoine lorsqu'il en a la faculté, n'est pas censé coupable de fraude envers ses créan-ciers, il n'en est pas de même s'il fait des aliénations qui leur soient préjudiciables.

OBSERVATION.

A quelque titre qu'on ait fait une aliéna-tion, elle est frauduleuse, lorsqu'elle est faite dans le dessein de nuire aux créanciers. Ainsi, une donation, soit entre-vifs, soit à cause de mort, ne peut subsister, lorsqu'au moyen

M

de cette donation , le créancier se trouve
frustré de sa créance ; il ne s'ensuit pas de-là
que le débiteur soit tenu de saisir toutes les
occasions qui se présentent, d'augmenter son
patrimoine. Voyez nos observations sur la
règle CXIX.

§. I.

*Nemo ex suo delicto méliorem suam con-
ditionem facere potest.*

On ne peut pas améliorer sa condition par
un crime.

Observations.

Cette règle est appuyée sur l'équité, et les
lois ont toujours repoussé les demandes de
ceux qui n'avoient à alléguer en leur faveur
que la fraude qu'ils avoient mise en usage
pour se mettre à couvert d'une poursuite.
Ainsi, une transaction par laquelle un des
contractans se trouveroit lésé, ne seroit point
annullée sous le prétexte que ce contractant
allégueroit, qu'il avoit agi frauduleusement
dans le contrat, parce que la fraude qu'il a
employée, est un titre suffisant pour le créancier. Ainsi, un homme qui auroit, par surprise, engagé sa partie adverse à transiger,
et se repentant dans la suite d'une transaction

qui lui paroîtroit onéreuse, ne pourroit obtenir des lettres de rescision contre cette transaction, parce que comme le dit le jurisconsulte Ulpien, loi 7, paragraphe 3, au digeste *ad senatus consultum velleianum*, le bénéfice de restitution n'est pas accordé à celui qui trompe, mais à celui qui est trompé. D'ailleurs, c'est un mauvais moyen pour obtenir le bénéfice de la loi que celui d'alléguer sa propre turpitude.

Un banqueroutier qui allégueroit en sa faveur les pertes énormes qu'il a essuyées sans qu'il y eut de sa faute, obtient la faculté de faire cession de ses biens, et au moyen de ce bénéfice, il n'est pas tenu d'abandonner à ses créanciers ce qu'il aura pu acquérir après cette cession ; mais, lorsque la banqueroute est frauduleuse, le débiteur ne mérite aucune grace, et peut être poursuivi extraordinairement comme voleur.

REGLE CXXXV.

Ulpianus, lib. 23, ad edictum.

Ea quae dari impossibilia sunt, vel quae in rerum naturâ non sunt, pro non adjectis habentur.

On regarde comme non avenues, les clauses

qui contiennent des choses impossibles ou qui
n'existent pas.

OBSERVATIONS.

On regarde comme impossible, non seulement ce qui ne peut pas arriver, mais encore ce qui est contraire aux lois ou aux
bonnes mœurs. Les clauses de ce genre ne sont
pas obligatoires, puisqu'il ne dépend pas des
contractans de les remplir. Il y a cependant
des cas où une condition impossible ne nuit
pas à l'acte. Par exemple, un homme institué héritier sous condition impossible, n'en
est pas moins héritier, parce qu'alors ce n'est
pas l'institution, mais la condition qui devient nulle.

A l'égard des choses qui n'existent pas,
rien n'empêche qu'on ne puisse s'engager à
les fournir; par exemple, je puis m'engager
à abandonner les fruits de la récolte pro-
chaine, quoiqu'ils n'existent pas encore,
parce qu'il est dans la nature que ces choses
existent; et alors, ce n'est pas proprement
la chose dont je dispose, mais l'espérance
qu'elle pourra m'appartenir, et la condition
n'a lieu que dans le cas où les fruits vien-
dront en maturité et pourront être cueillis.

REGLE CXXXVI.

Paulus, lib. 18, ad edictum.

Bona fides tantumdem possidenti praes-
tat, quantum veritas, quoties lex impedi-
mento non est.

La bonne foi est un titre équivalant à la
propriété relativement au possesseur, à moins
que la loi ne s'y oppose.

OBSERVATIONS.

Le possesseur de bonne foi jouit de tous
les droits du propriétaire. Il peut poursuivre
le tiers détenteur et il acquiert tous les fruits
qui proviennent de la chose qu'il possède,
mais, s'il est évincé par le véritable propriétaire, il n'acquiert irrévocablement que les
fruits qu'il a perçus par son industrie, car
il est tenu de rendre compte de ceux qu'on
appelle purement naturels et qui n'exigent
point de culture, ainsi que des fruits civils,
tels que les loyers des maisons, les intérêts
des rentes constituées, etc.

Il en est autrement des choses dont l'aliénation est prohibée, telles que les biens do-
maniaux, etc. Il ne peut jamais prescrire ces
sortes de biens et n'a aucun droit sur eux.

M 3

REGLE CXXXVII.

Ulpianus, lib. 25, ad edictum.

Qui autore judice comparavit, bonae fidei possessor est.

On regarde comme possesseur de bonne foi, celui qui a acquis en vertu d'une sentence du juge.

OBSERVATION.

Cette règle est une suite de l'autre. Il y a cependant cette différence entre le possesseur de bonne foi et celui qui possède en vertu d'une sentence, c'est que celui-ci est vraiment propriétaire. Ainsi, celui qui achète du créancier le gage que son débiteur lui avoit remis, en devient absolument le maître, pourvu que la vente soit autorisée par une sentence.

REGLE CXXXVIII.

Paulus, lib. 27, ad edictum.

Omnis haereditas quantumvis posteà adeatur, tamen cum tempore mortis continuatur.

L'acte d'héritier quoique fait après un certain tems, date de la mort du testateur.

OBSERVATION.

C'est un principe avoué de tous les juris-

consultes , que l'acceptation de l'hérédité re-
monte nécessairement à la mort du défunt ,
en quelque tems qu'elle ait été faite ; ensorte
que l'héritier perçoit tous les fruits de la succession à dater du moment où la succession
étoit ouverte , et par une conséquence naturelle , il supporte les pertes qui peuvent être
survenues depuis ce moment. Ce principe
s'applique aussi au légataire qui , en ce point ,
est absolument comparé à l'héritier.

§. I.

*Nunquam erescit ex post facto praeteriti
delicti aestimatio.*

Les dommages et intérêts résultant d'un
délit , doivent êtres réglés sur l'état où se
trouvoit la personne au moment du délit , et
non pas sur ce qui s'est passé depuis le tems
où le crime a été commis.

OBSERVATIONS.

La qualité du délit ne se détermine point par
les circonstances qui peuvent être arrivées
dans la suite , mais , on doit se fixer au moment où le crime a été commis. Par exemple , un homme a été blessé dans une rixe ,
il est mort de ses blessures par l'impéritie de
son chirurgien. Si l'on peut prouver que cette

blessure n'étoit pas mortelle au moment de la rixe, l'accusé ne peut être condamné comme meurtrier.

Ce que l'on dit ne peut s'appliquer aux actes réitérés qui ont suivi le crime. Ainsi, un voleur ayant restitué au propriétaire l'effet qu'il avoit dérobé et qui dérobe la même chose une seconde fois, est puni plus sévèrement qu'il ne l'eut été la première fois, parce que la persévérance dans le crime, dénote une prévarication de mœurs qu'on ne sauroit trop réprimer.

REGLE CXXXIX.

Gaïus, lib. ad edictum prætoris Urbani.

Omnes actiones quae morte aut tempore pereunt semel inclusae judicio salvae permanent.

Toutes les actions qui s'éteignent par la mort ou par le laps du tems, se perpétuent par le moyen de la contestation en justice.

OBSERVATION.

Voyez la règle XXXVIII.

§. I.

Non videtur perfectè cujusque id esse quod ex casu auferri potest.

On n'est pas censé être véritablement propriétaire d'une chose dont la possession dépend des événemens.

OBSERVATION.

Les titres en vertu desquels on acquiert la propriété, sont imparfaits tant que cette propriété dépend d'un événement. Ainsi, un possesseur de bonne foi n'est pas véritablement propriétaire de la chose qu'il a achetée d'un autre que du véritable propriétaire, puisqu'il peut être évincé. Celui qui vend un bien hypothéqué à un autre, ne lui transmet pas véritablement la propriété, puisque l'acheteur peut être expulsé par le créancier qui a le droit d'exercer son droit hypothécaire. C'est la même chose si le mari vend le bien de sa femme sans son consentement, parce que la femme ou ses héritiers peuvent se pourvoir contre la vente et rentrer dans leur bien.

REGLE CXL.

Ulpianus, lib. 56, ad edictum.

Absentia ejus qui reipublicae causâ abest, neque ei, neque alii damnosa esse debet.

L'absence de celui qui est absent pour les intérêts de la république ne peut jamais lui être nuisible, ni à lui, ni aux autres.

OBSERVATION.

Cette règle est fondée sur l'équité. Celui qui est absent pour le service de la république est comparé à un mineur que la foiblesse de son âge met à couvert de toute surprise, et qui peut facilement obtenir la rescision de tous les actes passés pendant sa minorité à son désavantage. Ainsi, un absent, de l'espèce de ceux dont il est question dans notre règle, peut se pourvoir contre les jugemens rendus contre lui en son absence, si sa cause n'a pas été défendue ; il peut même se faire relever contre d'autres absens pour les affaires de la république et même contre le domaine, et l'on ne peut prescrire contre lui, de même qu'il ne peut lui même s'appuyer sur son absence pour établir la prescription contre ceux qui ne peuvent l'évincer à cause de son absence.

REGLE CXLI.

Paulus, lib. 54, ad edictum.

Quod contra rationem juris receptum est, non est producendum ad consequentias.

Ce qui est établi contre le droit commun, ne doit pas tirer à conséquence.

OBSERVATION.

Il s'agit ici des privilèges qui dérogent au droit commun qui doit régir tous les citoyens. Ces privilèges ne doivent pas s'étendre au-delà de la personne en faveur de laquelle ils ont été accordés, et ne doivent pas servir de règle pour décider les questions de la même espèce en faveur de ceux qui ne jouissent pas de la même faveur.

§. I.

Uni duo pro solido hæredes esse non possunt.

Deux héritiers d'une même personne ne peuvent être chacun héritier pour le tout.

OBSERVATION.

Un co-héritier qui, en l'absence de l'autre, se met en possession de toute la succession, peut il prescrire la part qui appartient à l'absent? il ne le peut pas, parce qu'il n'a pas de titre suffisant pour acquérir cette part par le moyen de la prescription. La raison en est que la possession civile est nécessaire pour opérer la prescription, et jamais le co-héritier qui s'est mis en possession d'un bien auquel il n'avoit droit que pour moitié, n'a pu ac-

quérir cette possession qui est la base de la
prescription.

R E G L E C X L I I.

Paulus, lib. 54, ad edictum.

Qui tacet non utique fatetur, sed tamen
verum est eum non negare.

Le silence n'est pas toujours un aveu, mais
il n'est pas toujours vrai que ce silence con-
tienne une dénégation.

O B S E R V A T I O N S.

Se taire, c'est tenir le milieu entre l'aveu
et la dénégation. Il y a des cas où le silence
est un aveu. Si, par exemple, le fait est de
telle nature qu'en s'y opposant formellement,
on puisse en empêcher l'effet, le silence passe
alors pour un véritable consentement. Ainsi,
si je souffre qu'en ma présence on mette mes
effets en gage, je suis censé les avoir donné
moi même. Si, au contraire, en m'opposant
à la chose je ne puis en empêcher l'effet,
mon silence ne peut me causer aucun préjudice.

Il y a des cas où le silence de celui qui
est présent à l'acte, ne peut être regardé
comme un véritable consentement. Le jurisconsulte Modestin en donne un exemple dans

la loi 39, au digeste *de pignoratitiâ actione*.
Un débiteur remet un fonds à son créancier,
et consent qu'il en jouisse par forme d'anti-
chrèse l'espace de dix ans; avant l'échéance de
ce terme, le créancier lègue le susdit fonds
à son fils, déclarant qu'il lui appartient en
vertu de la vente qui lui a été faite par son
débiteur qui étant présent au testament, l'a
signé en qualité de témoin. On demande
si sa présence lui peut nuire et faire présumer qu'il a consenti à cette disposition ? le
jurisconsulte décide qu'elle ne lui fait aucun
préjudice, par la raison qu'il s'est présenté à
l'acte comme témoin, et n'a pas prétendu
approuver la prétendue vente dont le créancier a fait mention dans son testament. D'ailleurs, le témoin signoit souvent le testament
sans en connoître le contenu, et la signature
ne peut passer que comme une erreur de fait
qu'on ne peut pas lui imputer.

En matière criminelle, le silence de l'accusé, lorsqu'il est interrogé par le juge, est
censé un aveu, parce qu'il a manqué à son
devoir en refusant de répondre, et qu'il est
censé coupable toutes les fois qu'il ne réfute
pas le fait qu'on lui reproche.

Il est encore de principe qu'une fille in-
terrogée légalement si elle prend un homme

pour son époux , est censée l'avoir accepté
en cette qualité si elle ne répond pas , parce
qu'elle étoit la maîtresse de refuser , et alors
son silence est censé un aveu.

REGLE CXLIII.

Ulpianus , lib. 26 , ad edictum.

*Quod ipsis qui contraxerunt obstat , et
successoribus eorum obstabit.*

On peut opposer à l'héritier toutes les actions et les exceptions qu'on avoit droit d'intenter contre le défunt.

OBSERVATIONS.

L'héritier représente absolument la personne
du défunt, il jouit des mêmes droits que son
auteur et est sujet aux mêmes charges.

Pour l'explication de cette règle , il faut
établir une distinction entre le successeur à
titre universel et le successeur à titre particulier.

Le successeur à titre universel entre en
possession des choses auxquelles il succède,
avec les qualités qui leur étoient inhérentes,
c'est-à-dire, que la possession passe en sa
personne avec tous ses vices , soit réels, soit
personnels. Le vice est personnel lorsque la
possession a été furtive ou violente de la part

du premier possesseur, et alors l'héritier fut-il de bonne foi, ne peut jamais l'acquérir par le moyen de la prescription.

Le vice est réel lorsqu'il n'y a pas eu de mauvaise foi de la part du premier possesseur, mais seulement quelque qualité dans la chose qui empêche qu'elle ne puisse être aliénée, alors, il faut faire une distinction; ou le successeur a acquis à titre lucratif ou à titre onéreux. Au premier cas, si par exemple, on lui a légué une chose inaliénable, le legs devient absolument nul, mais si le second possesseur succède à titre onéreux, par exemple, en vertu d'une vente qui lui a été faite, et dont il a payé le prix, alors, il devient possesseur de la chose avec tous les défauts dont elle étoit infectée.

Lorsque le propriétaire d'une maison aliène la maison qu'il a donnée à bail pour un certain tems avant que le terme du loyer soit expiré, l'acheteur sera tenu de maintenir le bail jusqu'à la fin du terme s'il n'aime mieux le dédommager.

Il suit encore de cette règle, que le contrat de vente étant annullé pour cause de lésion outre moitié, les aliénations faites par l'acquéreur sont nulles aussi bien que les autres engagemens formés en conséquence du contrat, parce que le contrat étant résolu, tout ce qui en dépend devient également nul:

REGLE CXLIV.

Paulus, lib. 52, ad edictum.

Non omne quod licet honestum est.

Tout ce qui est permis n'est pas toujours honnête.

OBSERVATION.

Une action n'est pas toujours censée conforme à l'honnêteté, parce qu'elle n'est pas défendue. Ainsi, celui qui intente un procès contre son père sans de justes motifs, pêche contre le respect que les enfans doivent naturellement aux auteurs de leurs jours. Il y a une infinité d'exemples de ces choses dont un honnête homme s'abstiendra, quoiqu'elles ne soient pas expressément contraires à la loi.

§. I.

In stipulationibus id tempus spectatur quo contrahimus.

Pour établir la validité d'une convention, il faut remonter au tems où elle a été contractée.

OBSERVATION.

Cette règle est une conséquence du principe établi

établi dans la loi 18 , nous n'y ajouterons qu'un exemple pour en démontrer l'utilité. Un vendeur convient avec l'acheteur qu'en cas que celui-ci ne paie pas le prix convenu dans un tems déterminé , la vente sera nulle ; si l'acheteur laisse expirer le tems prescrit pour le paiement, elle sera également nulle, quand même le vendeur seroit mort avant le terme , parce qu'il transmet à son héritier le droit qui lui étoit acquis au moment du contrat , de se pourvoir contre la vente dans le cas où la condition ne seroit pas accomplie au jour dont on étoit convenu.

REGLE CXLV.
Ulpianus , lib. 66 , ad edictum.

Nemo videtur fraudare eos qui sciunt et consentiunt.

On ne peut accuser de fraude celui avec lequel on a sciemment et volontairement contracté.

OBSERVATIONS.

On ne présume pas la fraude ; lorsque celui qui se plaint d'avoir été lésé dans une convention , étoit parfaitement instruit de l'état des choses au moment où il a signé la convention , parce qu'il ne doit imputer qu'à sa négligence le dommage qu'il éprouve.

N

Cette règle ne peut pas s'appliquer au pupille qui n'est jamais censé consentir à un
acte qui lui est onéreux, quoiqu'il ait eu une
parfaite connoissance de l'acte qu'il a contracté.

REGLE CXLVI.

Paulus, lib. 62, ad edictum.

*Quidquis dum servus est egit, proficere
libero facto non potest.*

Tout ce qu'a fait un esclave pendant qu'il
étoit en servitude, ne peut tourner à son
profit lorsqu'il est parvenu à la liberté.

OBSERVATION.

Cette règle n'est d'aucune utilité parmi nous.

REGLE CXLVII.

Gaïus, lib 24, ad edictum provinciale.

Semper specialia generalibus insunt.

Les clauses spéciales sont censées contenues
dans les clauses générales.

OBSERVATIONS.

Cette règle peut s'appliquer aux hypothèques. Il est certain que l'hypothèque générale prévaut sur l'hypothèque particulière dans
le cas où celle-ci est postérieure à l'autre,
par la raison que l'hypothèque générale frappe

sur tous les biens du débiteur et devient spéciale relativement à chacun de ces biens.

Il n'en est pas de même de la procuration. Si cette procuration est générale, elle n'a pas le même effet que la procuration spéciale. Ainsi, le fondé de pouvoir ne peut, en vertu de ce pouvoir, transiger, donner quittance finale, etc., à moins que ces facultés ne soient exprimées dans la procuration générale.

REGLE CXLVIII.

Paulus, lib. 16, brevis edicti.

Cujus effectus omnibus prodest, ejus et partes ad omnes pertinent.

Lorsque le succès d'une affaire tourne au profit de tous les intéressés, ils doivent chacun pour leur part en supporter la dépense.

OBSERVATION.

Un procès intenté au nom de plusieurs intéressés et gagné par l'un d'eux, est censé terminé au profit de chacun d'eux, et ils doivent chacun en proportion du profit qu'ils en retirent, contribuer aux dépenses occasionnées par la poursuite.

REGLE CXLIX.

Ulpianus, lib. 67, ad edictum.

Ex quâ personâ quis lucrum capit, ejus factum praestare debet.

N 2

. Un héritier est garant des faits de celui
à qui il succède, puisqu'il en retire le profit.

OBSERVATION.

Cette règle est une suite de ce qui a été
dit ci-dessus, à l'égard de l'héritier qui, re-
présentant le défunt, est garant de toutes ses
obligations. Il n'en est pas de même du donataire qui, ne succédant qu'à titre particulier, n'est pas tenu des dettes du donateur
si le bien qui lui a été donné étoit libre et
exempt de toute hypothèque.

REGLE CL.

Ulpianus, lib. 68, ad edictum.

Parem esse oportet conditionem ejus qui
quid possideat vel habeat, atque ejus cujus
dolo malo factum sit quominus possideret
vel haberet.

Celui qui a abandonné frauduleusement la
possession d'une chose, est toujours censé
avoir conservé sa possession.

OBSERVATION.

Voyez la règle CXXXI.

REGLE CLI.

Paulus, lib. 64, ad edictum.

Nemo damnum facit nisi qui id fecit quod
facere jus non habet:

L'on n'est censé avoir fait tort à quelqu'un, que lorsqu'on a fait ce qu'on n'avoit pas le droit de faire.

OBSERVATION.

Voyez la règle LV.

REGLE CLII.

Ulpianus, lib 59, ad edictum.

Hoc jure utimur, ut quidquid omnino per vim fiat, aut in vis publicae, aut in vis privatae crimen incidat.

Celui qui use de violence, est sujet aux peines établies contre ceux qui troublent le bon ordre, soit qu'ils agissent ouvertement, soit que par des pratiques ténébreuses, ils se rendent coupables de quelques excès.

OBSERVATION.

On distingue deux sortes de violence; l'une qui se fait à main armée, l'autre qui se fait sans armes, mais, par laquelle, au moyen d'une force majeure, on commet quelques excès. Par exemple, celui qui provoque de fait, enlève ce qu'il prétend lui être dû, sans y être autorisé par le juge; un créancier qui, de vive force et de sa propre autorité, s'empare des meubles de son débiteur, ces sortes

N 3

de violences sont réprimées par les lois qui
ont établi des peines suivant la gravité des
cas.

§. I.

Deficit et qui mandat

Celui par l'ordre duquel on dépouille quelqu'un de sa possession, est censé avoir commis le crime de violence.

OBSERVATION.

En vain, allégueroit-on qu'on n'a pas exercé
la violence dont on se plaint, si l'on peut être
convaincu de l'avoir occasionnée, soit par
ses conseils, soit par d'autres moyens. De-là
il suit qu'un possesseur expulsé par force de
son bien, peut également poursuivre celui qui
a fait exercer la violence et celui qui l'a commise. Dans les autres délits, on regarde comme
également coupable celui qui, par suborna-
tion ou par abus de pouvoir, a été l'auteur
du crime et celui qui l'a véritablement commis.

§. II.

*In maleficio rati habitio mandato compa-
ratur.*

Celui qui ratifie une mauvaise action, est
censé l'avoir ordonnée.

OBSERVATIONS.

Si celui qui ordonne de commettre un crime est aussi coupable que celui qui l'a commis, on ne doit pas moins punir celui qui, sans l'avoir expressément ordonné l'approuve.

La tolérance est regardée comme une ratification. Par exemple, si mon fermier a fait à mon insçu une construction qui soit préjudiciable à mon voisin, et qu'instruit de cette entreprise, je ne remets pas les choses dans l'état où elles étoient, je suis garant des faits de mon fermier.

§. III.

In contractibus quibus doli prestatio vel bona fides inest, haeres in solidum tenetur.

L'héritier est tenu de tous les dommages et intérêts résultant des obligations contractées par le défunt.

OBSERVATION.

Voyez la règle XXXVIII.

REGLE CLIII.

Paulus, lib. 9, ad edictum.

Ferè quibuscumque modis obligamur, iisdem in contrarium actis liberamur : cum

N 4

quibus modis adquirimus, iisdem in contra-
rium actis amittimus : ut igitur nulla pos-
sessio adquiri nisi animo et corpore potest ,
ita nulla amittitur , nisi in quâ utrumque in
contrarium actum.

Ordinairement on se trouve libéré d'une
obligation par des moyens contraires à ceux
qu'on avoit employés pour la former , l'on
perd aussi la propriété d'une chose en faisant
tout le contraire de ce qu'on avoit fait pour
l'acquérir. Ainsi , comme on ne possède véritablement une chose que lorsqu'on l'a en sa
puissance et qu'on est intimement persuadé
qu'elle n'appartient pas à autrui , il s'ensuit
qu'on ne peut perdre cette possession que par
des actes contraires, c'est-à-dire , lorsqu'on
cesse de tenir la chose ou qu'on sait qu'elle
appartient à un autre.

OBSERVATIONS.

Cette règle n'a besoin d'explication que
relativement à la possession.

Pour posséder une chose, il faut non-seulement l'avoir en son pouvoir, mais encore ,
être persuadé qu'on a le droit de l'avoir en sa
puissance. Ainsi, celui dont la possession n'est
appuyée que sur la violence ou sur un titre

précaire ou clandestin, n'est pas censé véritable possesseur.

Il y a deux manières de posséder, comme
il y a deux sortes de possession ; savoir, la
possession naturelle et la possession civile.
La possession naturelle est celle par laquelle
on retient une chose dans l'intention d'en
être propriétaire. La possession civile est celle
par laquelle nous nous servons de la chose
comme propriétaires incommutables.

A l'égard des choses, ou elles sont corporelles ou incorporelles, comme les obligations, les servitudes, etc. La possession des
choses corporelles s'opère par la détention.
Les choses incorporelles sont censées être en
notre possession lorsque nous en jouissons par
la volonté de celui à qui elles appartiennent.

On ne peut perdre ces deux sortes de pos-
sessions que lorsque l'on perd le titre ou vertu
duquel on possédoit ou que l'on cesse de retenir la chose ; la possession naturelle se perd
par la privation de la chose. Mais la possession civile se conserve malgré la privation
de la chose. Ainsi, un propriétaire ne perd
pas sa possession en affermant son bien ou
en abandonnant l'usufruit de sa propriété,
parce que le titre seul, prouve qu'il n'avoit
jamais eu l'intention de s'en dépouiller, et

que le fermier ou l'usufruitier ne possèdent
qu'en son nom.

REGLE CLIV.

Ulpianus, lib. 64, ad edictum.

Cum par delictum est duorum, semper
oneratur petitor, et melior habetur posses-
soris causa, sicut fit cum de dolo excipitur
petitoris. Neque enim datur talis replicatio
petitori, aut si rei quoque in câ re dolo ac-
tum sit.

Lorsque les deux parties sont coupables du
même délit, le défendeur est traité plus favorablement que le demandeur. Il en est de
même si le défendeur oppose au demandeur
l'exception de dol. Celui-ci ne seroit pas écouté
s'il vouloit opposer la même exception au défendeur, quand même le défendeur seroit
véritablement coupable.

OBSERVATIONS.

Un possesseur dont on attaque la possession comme vicieuse, peut s'opposer à la demande, sous prétexte que le demandeur n'a
pas un titre valable pour la former. En vain,
le demandeur lui opposeroit-il que son titre
n'a pas plus de valeur que le sien, car il ne

suffit pas de prouver que le titre du défendeur est vicieux, il faut encore que la possession soit émanée du demandeur qui n'est pas censé avoir d'intérêt de poursuivre, puisqu'il n'a aucun droit à la chose.

Si au contraire le défendeur tient sa possession du demandeur, et que celui-ci lui oppose le vice de sa possession, il est obligé de la lui abandonner, encore que la demande soit injuste de sa part, parce qu'il n'avoit pas lui même un titre suffisant pour pouvoir se maintenir dans sa possession, puisque ce demandeur a intérêt de recouvrer la chose qui lui a été usurpée et qui ne peut être revendiquée que par le véritable propriétaire. La raison de ce principe est appuyée sur l'équité qui ne veut pas que de deux coupables d'un même crime, l'un en retire le profit et que l'autre en soit puni. Voyez le paragraphe IV, à la fin, aux institutes, titre *de interdictis.*

§. I.

Illi debet permitti paenam petere qui in ipsam non incidit.

Celui qui n'a pas encouru la punition, peut la demander contre celui qui s'est rendu coupable.

OBSERVATION.

Lorsque le demandeur n'est sujet à aucun reproche, il est bien fondé à poursuivre le défendeur pour obtenir de lui les dommages et intérêts qu'il est en droit d'exiger ; mais, s'ils sont tous deux en contravention, la demande des dommages et intérêts cesse de plein droit. Par exemple, si j'ai loué une maison pour quatre ans et que je me sois engagé à payer 400 francs au locataire dans le cas où je l'expulserois avant le tems convenu ; si le locataire ne paie pas ses loyers, je puis l'expulser sans être tenu de le dédommager, parce que c'est sa faute si je me trouve forcé à user de mon droit, et que par sa négligence il a renoncé au droit qu'il avoit d'exiger de moi, des dommages et intérêts.

REGLE CLV.

Paulus, lib. 65, ad edictum.

Factum cuique suum non adversario nocere debet.

Le fait d'autrui ne peut nuire qu'à celui qui en est l'auteur.

OBSERVATIONS.

Il s'agit ici du dol personnel qui nuit nécessairement à son auteur, mais, dont on n'est pas responsable lorsqu'on n'y a eu aucune part. Ainsi, si un débiteur frauduleux vend un fonds au préjudice de ses créanciers, à un homme qui est d'aussi mauvaise foi que lui, et que l'acheteur revende ce fonds à un tiers qui l'achette de bonne foi, les créanciers ne peuvent pas poursuivre le second acheteur, mais le premier, parce que le dol personnel de celui-ci ne doit pas nuire à l'autre qui n'avoit nullement participé à la fraude.

Un homme qui est condamné par défaut, pour ne pas s'être présenté en jugement lorsque c'est par le fait d'un tiers qu'il s'est absenté, ne doit pas être sujet à la peine établie contre les contumax, mais cette peine doit être supportée par celui par la faute duquel il n'a pas obéi à la citation. Voyez la loi première, paragraphe 3, au digeste, *de eo per quem factum erit quominus,* etc.

Voyez aussi ce que nous avons dit sur la loi LXXIV.

§. I.

Non videtur vim facere qui suo jure utitur et ordinariâ actione experitur.

On n'est pas censé user de violence lorsqu'on poursuit son droit en justice réglée.

ＯＢＳＥＲＶＡＴＩＯＮ.

Voyez la règle LV.

§. II.

In paenalibus causis benignius interpretandum est.

Dans les actions pénales, il faut toujours pencher pour la douceur.

ＯＢＳＥＲＶＡＴＩＯＮ.

Ce paragraphe est une conséquence de la loi des douze tables, qui veut qu'on renferme dans des bornes étroites tout ce qui est odieux, et qu'on donne de l'extension, autant que faire se peut, à tout ce qui tend à alléger l'accusé.

ＲＥＧＬＥ ＣＬＶＩ.

Ulpianus, lib. 70, ad edictum.

Invitus nemo rem cogitur defendere.

On ne peut forcer personne à se charger de la défense d'autrui.

ＯＢＳＥＲＶＡＴＩＯＮ.

Quoiqu'on ne puisse forcer personne à se charger de la défense d'autrui, il y a cependant des cas où le juge peut nommer d'office un défenseur à l'accusé. Il en est de même d'un plaideur qui ne trouveroit ni pro-

cureur, ni avocat, ni autre officier public qui
voulut occuper pour lui. Il pourroit s'adresser
au juge qui feroit injonction à un défenseur
officieux de se charger de la défense du re-
quérant, parce que l'emploi dont ils sont
revêtus est une espèce d'engagement qu'ils
prennent avec le public, de se charger de
la défense d'autrui.

§. I.

*Cui damus actiones eidem exceptionem
competere multo magis quis dixerit.*

Celui à qui la loi accorde la faculté d'intenter une action, peut, à plus forte raison, employer l'exception pour conserver son
droit.

OBSERVATION.

Cette règle ne peut avoir lieu lorsque l'action et l'exception ont deux causes différentes.
Ainsi, un homme dépouillé de sa possession,
ne peut être arrêté par l'exception de celui
par qui il auroit été dépouillé et qui prétendroit être propriétaire, puisqu'avant d'u-
ser de cette exception, celui-ci seroit tenu
de restituer au possesseur la chose dont il a
été dépouillé. Un fermier qui se prétendroit
propriétaire et méconnoîtroit la propriété du

bailleur, seroit tenu de reconnoître sa possession avant d'intenter l'action qu'il prétend lui appartenir en qualité de propriétaire.

§. II.

Cumquis in alii locum successerit, non est aequum ei nocere hoc quod adversus eum nocuit in cujus locum successerit.

Un héritier ne peut être tenu des faits personnels de celui à qui il succède.

OBSERVATION.

Les droits réels passent au successeur qui jouit de toutes les facultés qui appartenoient à celui qu'il représente. Il n'en est pas de même des droits purement personnels qui sont inhérens à la personne et s'éteignent avec elle. Ainsi, l'action de dol ne peut être intentée que contre celui qui s'en est rendu coupable, et son successeur ne peut en être tenu qu'en conséquence du profit qu'il a pu retirer de la fraude de celui à qui il succède. On peut dire la même chose des conventions par lesquelles on s'est engagé à un fait personnel. Une telle promesse ne regarde que celui qui s'est engagé, et n'oblige pas son successeur à l'accomplir.

Parag.

§. III.

Plaerumque emptoris eadem causa esse debet circa petendum ac defendendum quae fuit authoris.

Ordinairement l'acheteur a les mêmes droits que le vendeur, soit pour former une demande, soit pour proposer l'exception.

OBSERVATION.

Il faut entendre ce paragraphe de la même manière que le précédent, en distinguant les droits purement personnels des droits réels qui passent nécessairement au successeur.

§. IV.

Quod cuique pro eo praestatur invito non tribuitur.

On n'est pas obligé de profiter d'un privilège qui n'a été accordé qu'en sa faveur.

OBSERVATION.

Voyez la règle LXIX.

REGLE CLVII.

Ulpianus, lib. 71, ad edictum.

Ad ea quae non habent atrocitatem facinoris vel sceleris, ignoscitur servis si vel domini vel his qui vice dominorum sunt

O

veluti tutoribus et curatoribus obtempera-
verit.

Lorsqu'un fait ne porte point le caractère d'atrocité qui forme le véritable délit, on doit pardonner aux esclaves qui ont commis quelque faute par obéissance, soit envers leurs maîtres, soit envers ceux qui ont quelque pouvoir sur le coupable, tels que sont le tuteur ou le curateur.

OBSERVATION.

Ce qu'on dit ici des esclaves, peut s'appliquer aux fils de famille, aux femmes et autres personnes qui, étant subordonnées à un tiers, se rendent, à sa suggestion, coupables de quelques excès autres que les délits contre lesquels les lois sévissent. On doit les traiter avec plus de douceur que s'ils s'étoient portés à ces sortes d'excès de leur propre mouvement et sans y avoir été incités par des conseils perfides.

§ I.

Semper qui dolo fecit quominus haberet,
pro eo habendus est ac si haberet.

Celui qui s'est dessaisi frauduleusement d'une chose qu'il avoit en sa possession, est censé n'avoir jamais cessé de posséder.

OBSERVATION.

Voyez la règle CXXXI.

§. II.

In contractibus successores ex dolo eorum quibus successerunt non tantum in id quod pervenit, verum etiam in solidum tenentur, hoc est unusquisque pro eâ parte quâ hœres est.

Les héritiers sont tenus d'indemniser ceux avec lesquels le défunt avoit contracté non-seulement à raison des profits qu'ils ont retirés de la fraude du défunt, mais encore de tout ce qui est dû en vertu de cette obligation, au *prorata* de ce que chacun d'eux a retiré de la succession.

OBSERVATION.

Voyez la loi XLIV.

REGLE CLVIII.

Gaïus, lib. 26, ad edictum provinciale.

Creditor qui permittit rem venire, pignus dimittit.

Un créancier qui a permis l'aliénation des effets qui lui étoient engagés, perd le droit qu'il avoit sur ces sortes d'effets.

O 2

OBSERVATIONS.

Cette règle doit s'entendre du consentement exprès du créancier ; car si, ayant connois-sance de l'aliénation d'une chose qui lui étoit engagée, il se contente de ne point s'opposer à l'aliénation, il conserve toujours son droit. Il faut remarquer que le consentement exprès du créancier à l'aliénation du gage qui faisoit sa sûreté, n'éteint point sa créance, et qu'il a toujours le droit de poursuivre son débiteur à raison de cette créance.

On demande si un créancier qui avoit per-mis l'aliénation de son gage, pouvoit re-couvrer son droit dans le cas où le dé-biteur recouvreroit cet objet ? Justinien, règle dernière, au code *de remissione pigno-ris,* décide qu'il n'a plus de droit sur son an-cien gage, et cette décision est appuyée sur cet axiôme de droit : *Semel extinctum in jure non reviviscit.* Ce qui est éteint ne peut plus être censé pouvoir exister de nouveau.

REGLE CLIX.

Paulus, lib. 70, ad edictum.

Non ut ex pluribus causis deberi nobis idem potest : ita ex pluribus causis idem possit nostrum esse.

Quoiqu'une chose puisse nous être due par

différentes obligations, elle ne peut pas nous appartenir par différens titres.

OBSERVATIONS.

On peut être créancier en vertu de plusieurs titres différens, et si l'on succombe dans la demande formée en vertu d'un de ces titres, on peut former une nouvelle demande appuyée sur un autre titre.

Il n'en est pas de même de l'action réelle en vertu de laquelle on revendique sa propriété. Il suffit que j'aie obtenu la chose que j'avois revendiquée pour que tous mes autres titres de propriété soient regardés comme non avenus, puisque ma propriété embrasse tous les titres que je pouvois avoir.

Il s'ensuit de là qu'un legs fait à mon profit, d'une chose qui m'appartenoit déja, n'est d'aucune valeur. Il n'en est pas de même du legs d'une somme qui m'étoit due ; car, supposé que le titre en vertu duquel j'avois un droit sur la chose, vînt à être contesté, je puis m'appuyer sur celui des deux titres qui m'assure la propriété.

REGLE CLX.

Ulpianus, lib. 56, ad edictum.

Aliud est vendere, aliud vendenti consentire.

O 3

Autre chose est de vendre, autre chose de consentir à la vente.

OBSERVATION.

Ou j'ai vendu moi-même, ou j'ai donné pouvoir à un tiers de vendre un bien qui m'appartenoit. Si j'ai vendu par moi-même, il ne m'est pas permis de revenir contre la vente, excepté dans les cas prévus par la loi. Mais si mon fondé de pouvoirs a excédé les bornes de sa procuration ; si, par exemple, il a vendu au-dessous du prix que j'avois déterminé, ou à des conditions onéreuses que je n'avois pas écrites, il n'est pas douteux que je ne puisse revenir contre la vente faite en mon nom, puisque je n'avois consenti à la vente que sous des conditions qui, n'étant pas accomplies, rendent mon consentement absolument nul.

§. I.

Refertur ad universos quod publice fit per majorem partem.

Ce qui a été décidé par la plus grande partie des intéressés, est censé décidé à l'unanimité.

OBSERVATIONS.

Pour que la majorité se trouve légitimement établie, il faut que tous ceux qui ont intérêt à la chose aient été convoqués, parce qu'alors

les absens sont censés s'en être rapportés à
la décision de l'assemblée. Mais cette règle ne
peut s'appliquer qu'aux cas où il s'agit d'un
intérêt commun entre les membres d'un même
corps ; car si, outre l'intérêt commun, on a
encore un intérêt particulier, le consentement
de tous les intéressés est absolument nécessaire pour la validité de l'acte. S'il s'agissoit,
par exemple, d'une servitude à établir sur un
fonds qui appartînt à plusieurs co-héritiers,
la pluralité ne suffiroit pas pour que la servitude fût légitimement établie. Le refus d'un
seul d'entre les intéressés opéreroit la nullité
de l'acte, parce qu'outre l'intérêt commun,
chaque particulier a le droit de prétendre jouir
librement de la chose qui lui appartient.

Il n'en est pas de même des créanciers d'un
débiteur obéré ; la remise qui lui est faite par
le plus grand nombre d'entre eux, est censée
faite par tous les intéressés, parce qu'il seroit injuste que ce qui a été arrêté par le plus
grand nombre pour le bien commun, et dans
la vue de s'assurer au moins une partie de
leurs créances , fût annulé par l'opposition
d'un petit nombre d'opiniâtres.

§. II.

Absurdum est plus juris habere eum cui la,

gatus sit fundus, quam haeredem aut ipsum testatorem si viveret.

Il seroit absurde qu'un simple légataire eût plus de droit sur un fonds qui lui a été légué, que n'en auroient l'héritier ou le testateur lui-même.

OBSERVATION.

Voyez les règles 54, 59, 62, 120 ci-dessus.

REGLE CLXI.

Ulpianus, lib. 77, ad edictum.

In jure civili receptum est, quoties per eum cujus interest conditionem non impleri, fiat quominus impleatur, proinde haberi ac si impleta conditio fuisset. Quod ad libertatem et legata et ad haeredum institutiones perducitur : quibus exemplis stipulationes quoque committuntur cum per promissorem factum esset quominus stipulator conditioni pareret.

C'est une maxime reçue en droit, que toutes les fois que celui qui est intéressé à ce qu'une condition ne soit pas exécutée met obstacle à l'accomplissement de cette condition, elle est censée accomplie ; ce qui s'étend aux actes d'affranchissement, aux legs et aux institutions d'héritier, et c'est d'après ce principe qu'une convention conditionnelle est censée faite purement et simplement, si c'est par la faute du débiteur que la condition n'a pas été exécutée.

OBSERVATION.

Cette règle n'a pas besoin d'explication; il est certain que celui qui met obstacle à l'accomplissement d'une condition, lorsqu'il est intéressé à ce que cette condition n'ait pas son exécution, n'est pas moins obligé d'accomplir la convention, que si la condition avoit réellement existé. Il en est de même s'il ne dépend pas de celui à qui la condition avoit été imposée, que cette condition ne soit accomplie. Par exemple, on a légué à Titius 20,000 fr., à condition qu'il épouseroit Sempronia; si Sempronia ne veut pas absolument épouser le légataire, il n'en touchera pas moins son legs, en prouvant qu'il a fait tout ce qui étoit en son pouvoir pour accomplir la condition. Alors cette condition est mise au rang des conditions impossibles qui sont censées non avenues.

REGLE CLXII.

Paulus, lib. 70, ad edictum.

Quae propter necessitatem recepta sunt, non debent in argumentum trahi.

Ce que l'on se trouve obligé de faire par nécessité, ne doit pas tirer à conséquence.

OBSERVATIONS.

La nécessité est une force majeure à laquelle on ne peut résister. Ainsi une loi faite par la nécessité des circonstances, par exemple, celle qui force un particulier de vendre une partie de son terrain pour élargir la voie publique, ne doit pas tirer à conséquence pour les actes qui sont d'une autre espèce, et l'on ne peut pas en conclure qu'on peut forcer quelqu'un d'aliéner son bien.

Il s'ensuit encore que tous les actes faits forcément ne peuvent jamais être allégués contre celui qui les a faits, et ne peuvent servir de titre contre lui.

RÈGLE CLXIII.

Ulpianus, lib. 55, ad edictum.

Cujus est donandi, ejusdem et vendendi et concedendi jus est.

Celui qui a le droit de donner, peut vendre et aliéner.

OBSERVATION.

La donation étant une véritable aliénation, puisque par cet acte on se dépouille du droit que l'on a sur la chose qu'on abandonne, il

s'ensuit que celui qui a le droit de se dépouiller gratuitement d'une chose, peut, à
plus forte raison, la vendre. Voyez la règle XXI
ci-dessus.

REGLE CLXIV.

Paulus, lib. 51, ad edictum.

*Paenalia judicia semel accepta in haeredes
transmitti possunt.*

Les jugemens qui contiennent une peine
afflictive ne regardent point l'héritier, à moins
qu'ils ne soient la suite de l'action intentée
contre le défunt.

OBSERVATION.

Nous ne répéterons pas ici ce que nous avons
dit ci-dessus. Il faut simplement se souvenir
que quand on a intenté une action contre
celui de qui on a reçu quelque dommage par
une action criminelle, l'on est en droit de
continuer la poursuite contre ses héritiers,
non pas pour la peine afflictive, qui s'éteint
avec son auteur, mais pour les dommages et
intérêts qui s'étendent sur les biens du défunt,
et dont l'héritier est chargé jusqu'à concurrence du profit qu'il tire de la succession. Voyez
la règle XXXVIII ci-dessus.

REGLE CLXV.

Ulpianus, lib. 53, ad edictum.

Cum qui possit alienare, poterit et consentire alienationi. Cui autem donare non conceditur, probandum erit nec si donationis causâ consenserit, ratam ejus voluntatem habendam.

Celui qui a la faculté d'aliéner peut consentir à l'aliénation ; mais s'il n'a pas la faculté de donner, il ne peut consentir qu'un autre fasse la donation en son nom.

OBSERVATION.

Voyez la loi CLX.

REGLE CLXVI.

Paulus, lib. 48, ad edictum.

Qui rem alienam defendit nunquam locuples habetur.

Le défenseur d'autrui n'est censé solvable que lorsqu'il a donné caution.

OBSERVATION.

Un homme ne peut être admis à cautionner celui qu'il défend en jugement, qu'autant qu'il présente des titres suffisans sur lesquels il puisse appuyer sa caution.

REGLE CLXVII.

Paulus, lib. 49, ad edictum.

Non videntur data quae eo tempore quo dantur, accipientis non fiunt.

Donner une chose et ne pouvoir en trans-férer la propriété au moment de la donation, c'est ne rien faire.

OBSERVATION.

La tradition, pour qu'elle ait son effet, doit être faite par le véritable propriétaire. Il faut en outre qu'il puisse disposer de ses biens, et qu'il ait intention de se dessaisir de sa pro-priété. Ainsi une vente faite sous condition de rachat, n'est pas une véritable vente. Il en est de même si elle est faite par un mineur sans l'autorisation de son curateur, et sans avoir rempli les autres formalités établies par la loi. Il faut en outre que le titre en vertu duquel on se dessaisit soit translatif de pro-priété. Ainsi le prêt, le dépôt et le précaire, ne sont pas de véritables titres de propriété.

§. I.

Qui jussu judicis aliquid facit non videtur dolo malo facere quia parere necesse habet.

On ne peut accuser de fraude celui qui n'agit

qu'en vertu de la sentence du juge, à laquelle il est tenu d'obéir.

OBSERVATION.

On n'est pas répréhensible lorsqu'on agit en vertu de l'ordonnance du juge. Si cependant ce même juge, abusant de son pouvoir, ordonnoit des choses évidemment injustes, loin d'être tenu de lui obéir, on seroit exposé à être poursuivi pour avoir mis ce jugement à exécution.

REGLE CLXVIII.

Paulus, lib. 10, ad Plautium.

Rapienda occasio est quae praebet benignius responsum.

Il faut saisir l'occasion qui se présente de prononcer en faveur de l'équité.

OBSERVATION.

Voyez la règle CLVI.

§. I.

Quod factum est cum in obscuro sit, ex affectione cujusque capit interpretationem.

Lorsqu'une question est douteuse, il faut s'attacher à connoître quelle a été l'intention des parties.

OBSERVATIONS.

C'est d'après les circonstances particulières, et sur-tout d'après l'intention présumée des parties, que le juge doit asseoir son jugement, si la question qui lui est soumise paroît douteuse. Ainsi un père qui promet de doter sa fille, est censé établir cette dot sur ses propres biens, et non pas sur ceux qui peuvent revenir à sa fille d'un autre chef.

Le legs d'un fonds que le testateur croyoit lui appartenir est également nul; mais il est valide si celui en faveur duquel ce legs est fait peut prouver que le testateur, par l'attachement qu'il avoit pour lui, lui auroit laissé ce legs, quand même il auroit su que la chose qu'il léguoit ne lui appartenoit pas. Loi 10, au code *de legatis.*

On trouve à la loi 3, au code *de inofficioso testamento,* un exemple de l'application de cette règle. Une mère n'ayant que deux enfans, les institue ses héritiers. Après avoir fait son testament, elle accouche d'un troisième, et meurt des suites de sa couche. Comme elle n'a pas eu la faculté de faire des dispositions en faveur de ce dernier enfant, celui-ci partage également avec les autres, parce que l'on présume que si sa mère avoit eu le tems, elle auroit disposé également de sa succession en faveur du troisième enfant, son intention ayant été que sa succession fût partagée également entre tous ses enfans.

REGLE CLXIX.

Paulus, lib. 2, ad Plautium.

Is damnum dat qui jubet dare ; ejus vero nulla culpa est cui parere necesse sit.

Celui par l'ordre duquel on a causé du dommage, en est censé l'auteur, et on ne peut rien reprocher à celui qui n'étoit pas le maître de se refuser à l'ordre qui lui étoit donné.

OBSERVATION.

Cette règle ne peut s'appliquer qu'aux délits qui n'entraînent que de simples dommages et intérêts ; mais si la lésion est accompagnée d'un fait atroce qui soit dans le cas d'être puni extraordinairement par la loi, l'obéissance ne pourroit pas servir d'excuse, et l'auteur du délit, ainsi que celui qui l'a commis, seroient également punis.

§. I.

Quod pendet non est pro eo quasi sit.

Ce qui est en suspens n'est pas censé exister.

OBSERVATIONS.

Tout acte conditionnel n'a point d'existence avant l'accomplissement de la condition ; ainsi un débiteur sous condition ne peut être poursuivi

suivi tant que la condition n'existe pas. Ainsi, une vente faite sous condition, ne peut avoir son effet qu'après l'événement ; mais si celui dont la créance étoit conditionnelle vient à mourir avant l'accomplissement de la condition, son héritier succède dans tous ses droits et peut exercer sa créance, quand même l'événement prévu ne seroit arrivé qu'après le décès du créancier.

Il n'en est pas de même lorsqu'il s'agit des dispositions testamentaires. Si celui en faveur de qui elles sont faites vient à décéder avant l'événement, la disposition devient caduque, parce que le testateur n'a pas pu transmettre un droit qui ne lui étoit pas encore acquis, et c'est la différence qu'il faut établir entre les contrats et les dispositions testamentaires. Voyez le paragraphe 4, aux institutes *de verborum obligationibus.*

REGLE CLXX.

Paulus, lib. 4, ad Plautium.

Factum à judice, quod ad officium ejus non pertinet, ratum non est.

Tout ce que fait un juge au-delà de ses pouvoirs, est nul de plein droit.

OBSERVATIONS.

Le juge ne tenant son pouvoir que du

P

souverain, ne peut agir que conformément au pouvoir qui lui est confié. Il s'ensuit, qu'on n'a pas le pouvoir de déléguer ni de commettre la connoissance d'une cause dont on n'a pas droit de connoître soi même.

Lorsqu'il s'agit du partage d'une succession, le juge ne peut rien statuer au-delà de ce qui concerne le partage; s'il excède son pouvoir, ce qu'il fait est inutile, puisqu'il ne peut régler que les chefs contestés.

On doit conclure de tout ceci que l'on n'est tenu de subir un jugement, que lorsqu'il est rendu dans toutes les formes requises, par celui qui a le pouvoir de connoître de la cause et de la juger. Voyez le paragraphe 1, de la règle CLXVII.

REGLE CLXXI.

Paulus, lib. 4, ad Plautium.

Nemo ideo obligatur quia recepturus est ab alio quod praestiterit.

On n'est pas obligé de payer pour autrui, sous le prétexte qu'on peut se faire rendre par le débiteur, ce qui aura été payé à son acquit.

OBSERVATION.

Toute action est nécessairement produite par une obligation qui est sa cause nécessaire.

Si je n'ai pas contracté, je ne suis obligé
en rien. Ainsi, un fermier ne peut être tenu
de payer ce que le propriétaire doit à un
tiers, à moins qu'en vertu d'une sentence et
à la suite d'une saisie, il ne soit condamné
à payer, sauf son recours contre le propriétaire.

REGLE CLXXII.

Paulus, lib. 1, ad Plautium.

*In contrahendâ venditione ambiguum pac-
tum contra venditorem interpretandum est.*

Dans le contrat de vente, on interprête
toujours les clauses ambigues en faveur de
l'acheteur.

OBSERVATION.

Cette règle a déjà été expliquée. Elle est
appuyée sur ce principe, que le vendeur ayant
été le maître de la convention, ne doit s'imputer qu'à lui-même de n'avoir pas expliqué
plus clairement son intention. Ainsi, lorsque
les termes de la demande présentent plusieurs
sens, le juge doit s'en tenir à ce qui est le
plus avantageux au demandeur, pourvu que
le défendeur n'établisse rien qui détruise la
demande.

P 2

§. I.

Ambigua autem intentio ita accipienda est ut res salva actori sit.

Lorsqu'il y a du doute sur le sens d'une convention, on décide en faveur du demandeur.

OBSERVATION.

Ce paragraphe est une suite de ce qui a été décidé dans le principe. Nous n'ajouterons qu'un mot pour éclaircir ce que nous venons de dire sur cette matière. La raison de cette décision est que celui qui demande, quoique d'une manière ambigue, est présumé être mieux fondé que celui qui, pour toute défense, se tient sur la négative sans opposer aucune exception qui soit solide. Voyez la règle CXII, au digeste *de rebus dubiis.*

REGLE CLXXIII.

Paulus, lib. 6, ad Plautium.

In condemnatione personarum quae in id quod facere possunt damnantur, non totum quod habent extorquendum est, sed et ipsarum ratio habenda est ne egeant.

Lorsqu'on condamne quelqu'un à payer suivant ses facultés, on n'exige pas qu'il donne absolument tout ce qu'il possède, mais on lui laisse ce qui lui est strictement nécessaire pour qu'il puisse se procurer sa subsistance.

OBSERVATION.

Ce privilège qu'on accordoit aux maris lorsqu'ils étoient tenus de restituer la dot, à la femme débitrice du mari, à l'associé débiteur de ses consorts, au père débiteur de ses enfans, etc., est aujourd'hui sujet à beaucoup d'exceptions ; et les termes accordés aux débiteurs pour les autoriser à faire des paiemens partiaux, ne dépendent presque plus que des créanciers qui peuvent accorder ou refuser les délais qu'on leur demande. Voyez ce que nous avons dit sur la règle XVIII.

§. I.

Cum verbum restituas *lege invenitur, et si non specialiter de fructibus additum est, tamen etiam fructus sunt restituendi.*

Lorsque la loi prononce l'obligation de restituer le principal, on doit y comprendre les fruits, quand même cette loi ne les auroit pas nommément exprimés.

OBSERVATION.

Les fruits sont l'accessoire de la propriété. La restitution ne seroit donc pas entière, si

P 3.

en restituant le principal, on se réservoit les fruits qui en sont une suite nécessaire.

§. I I.

Unicuique sua mora nocet, quod et in duobus reis promittendi obseryatur.

Tout débiteur est garant des dommages occasionnés par son retard, ce qui s'étend à ceux qui sont solidairement obligés de payer la même dette.

O B S E R V A T I O N S.

Si le débiteur d'une chose dont il n'avoit que la possession est en retard : si, par exemple, celui qui a emprunté une chose, ou la possède à titre de gage ou de dépôt, ne la rend pas au tems convenu, il est responsable envers le propriétaire de tous les dommages occasionnés par son retard ; et si la chose périssoit entre ses mains, il seroit tenu d'en restituer la valeur.

Cette règle s'étend pareillement aux co-obligés lorsqu'ils sont tenus solidairement, car s'ils avoient exercé le bénéfice de division, l'un ne seroit pas tenu de garantir le retard de l'autre, l'effet de ce bénéfice étant que chacun soit seulement tenu pour sa part ; mais cela n'a lieu que dans le cas où la solvabilité du débiteur est solidement établie.

§. III.

Dolo facit qui petit quod redditurus est.

On ne peut sans fraude, former la demande d'une chose qu'on est obligé de rendre.

OBSERVATIONS.

On peut être soupçonné de fraude lorsqu'on demande en justice une chose qu'on n'est pas dans le cas de conserver, mais il faut supposer qu'on soit obligé de la rendre sur le champ ; car si le débiteur ne peut être forcé à se dessaisir de la chose qu'il demande qu'au bout d'un certain tems, il a le droit de former cette demande, puisqu'il a la faculté de jouir jusqu'au moment où il sera tenu de rendre.

Il y a des cas où l'on peut, sans être soupçonné de fraude, demander en justice une chose qu'on est tenu de rendre sur le champ. Par exemple, un père marie sa fille, et il est dit dans le contrat que le gendre ne pourra exiger la dot qu'après la mort de son beau-père. Il y a séparation de biens, entre les conjoints pendant la vie de ce beau-père. A sa mort, le gendre peut former la demande de la dot, quoiqu'il soit tenu de la rendre ; parce que ce n'est pas aux héritiers, mais à sa femme qu'il doit rendre ce qu'il recevra.

P 4

Il en est de même dans les actions de complainte en réintégrande. C'est un principe certain, que celui qui a été dépouillé injustement, doit sur-le-champ être rétabli dans tous ses droits, sauf au propriétaire, à exercer son action après que les choses auront été remises dans l'état où elles étoient avant la spoliation.

REGLE CLXXIV.

Paulus, lib. 2, ad Plautium.

Qui potest facere ut possit conditioni parere, jam posse videtur.

Je ne puis alléguer l'impossibilité d'accomplir une condition dont l'exécution dépend de ma volonté.

OBSERVATION.

La condition n'est jamais regardée comme impossible, tant que son exécution dépend de la volonté de celui à qui elle a été imposée. Si, par exemple, un débiteur s'est engagé à payer sous une condition dont l'exécution soit en son pouvoir et qu'il refuse d'exécuter cette condition, il est tenu de payer comme s'il s'étoit purement et simplement obligé, parce que c'est sa faute si la condition n'a pas été remplie. Si au contraire, la condition étoit soumise au hasard, il faudroit attendre l'événement pour pouvoir le contraindre.

§. I.

Quodquis si velit habere non potest, repu-diare non potest.

On ne peut pas répudier un droit qu'on n'est pas le maître d'acquérir.

OBSERVATIONS.

Il s'agit dans cette règle, de la répudiation d'une succession qui n'est pas encore acquise ; cette répudiation ne peut nuire à celui qui l'a faite. Ainsi, un homme institué sans con-dition, quand même il auroit renoncé à son droit éventuel, avant l'événement de la con-dition, pourroit nonobstant cette renonciation, exercer ses droits lorsque la succession seroit ouverte, puisqu'il ne pouvoit renoncer à un droit qui ne lui étoit pas encore acquis. Voyez la règle XI, au code *de transactionibus*.

D'après ce principe, celui qui auroit renoncé à la succession d'un homme vivant qu'on croyoit mort, peut la revendiquer lorsqu'elle est ouverte, parce qu'il n'est pas censé avoir pu renoncer à un droit dont il ne pouvoit jouir, et qu'il n'étoit pas dans le cas de pouvoir accepter ; puisqu'il est certain qu'on ne peut pas accepter la succession de celui qui est vivant, parce que ce n'est pas un droit acquis, mais seulement un droit en espérance, et que la qualité d'héritier ne peut s'acquérir que par la mort de celui à qui on espère succéder.

REGLE CLXXV.

Paulus, lib. 14, ad Plautium.

In his quae officium per liberas fieri personas leges desiderant, servus intervenire non potest.

L'esclave ne peut exercer aucunes des fonctions qui sont réservées par la loi aux hommes libres.

OBSERVATION.

Cette règle nous est absolument étrangère.

§. I.

Non debeo melioris conditionis esse quam author meus à quo jus in me transit.

Je ne dois pas être traité plus favorablement que celui aux droits de qui je succède.

OBSERVATION.

Voyez la règle LIV.

REGLE CLXXVI.

Paulus, lib. 13, ad Plautium.

Non est singulis concedendum quod per

magistratum publice possit fieri, ne occasio
sit majoris tumultus faciendi.

Un particulier ne peut pas, de sa propre
autorité, faire des actes dont l'exercice est
réservé au magistrat. Ce qui a été sagement
établi pour éviter le trouble et le tumulte.

OBSERVATIONS.

Il n'est pas permis de se faire justice à soi
même, mais on doit dans les cas où l'on se
trouve lésé, avoir recours au magistrat. Ainsi,
si mon voisin, sans aucun droit, a fait en
mon absence une construction qui m'est préjudiciable, je ne puis pas procéder de ma
propre autorité à la démolition de l'ouvrage,
il faut une sentence qui m'y autorise.

Je ne puis pas non plus me mettre de ma
propre autorité, en possession d'une chose
qui m'étoit engagée, il faut que j'y sois égu-
lement autorisé par le juge. A plus forte raison, il ne m'est pas permis de vendre le gage
que j'ai reçu pour ma sûreté, quand même
le débiteur m'en auroit donné le droit, mais
il faut que j'obtienne une sentence qui m'y
autorise.

Il y a cependant des cas où l'on peut repousser la violence sans l'intervention du juge.
Si, par exemple, je suis assailli par des vo-

leurs , et que je n'aie pas d'autres moyens de me défendre , je puis repousser la force par la force.

Il est bien permis de se défendre , mais il n'est pas permis de se venger. Ainsi, celui qui se voit attaqué par des gens qui veulent le dépouiller ou l'expulser avec violence de sa possession , peut bien la défendre contre ses aggresseurs; mais, si malgré sa résistance il est expulsé, il ne peut pas dans la suite revenir avec des gens armés pour reprendre sa possession par des voies de fait. Il doit s'adresser au juge qui emploiera son autorité pour lui faire restituer sa possession.

Il n'est pas permis, non plus, d'arrêter ni d'emprisonner quelqu'un de sa propre autorité , ce droit est réservé au juge.

§. I.

Infinita aestimatio est libertatis et necessitudinis.

On ne peut assez apprécier la liberté et les liens qui nous unissent par la parenté.

OBSERVATION.

Les lois romaines favorisoient extraordinairement la liberté qui est le plus grand bien dont l'homme puisse jouir.

Les liens qui nous unissent par la parenté n'étoient pas moins sacrés, et si dans un testament il se trouve quelques clauses ambigues, ces lois décident toujours pour celle qui favorise ceux que la nature a rapprochés de nous par les liens du sang.

RÈGLE CLXXVII.

Paulus, lib. 32, ad Plautium.

Qui in jus vel dominium alterius succedit, jure ejus uti debet.

Celui qui succède aux droits et à la propriété d'autrui, peut exercer les mêmes actions que celui à qui il succède.

OBSERVATIONS.

Il ne faut pas confondre le droit et la propriété.

La propriété est un droit qui nous donne le pouvoir de disposer de nos biens à notre volonté, mais le droit n'est pas toujours une propriété. Ainsi, celui qui a une obligation en sa faveur, peut bien contraindre son débiteur à le satisfaire, mais il n'a point de propriété sur la somme qui lui est due.

Le créancier hypothécaire a un droit réel sur l'immeuble qui lui est engagé, mais il n'a pas de propriété sur cet immeuble.

Un usufruitier n'est pas propriétaire du fonds sur lequel il exerce son usufruit, ce qui est si vrai qu'en acquérant ce fonds, l'usufruit cesse de plein droit. Voyez la règle LIV.

§. I.

Nemo videtur dolo exequi qui ignorat causam cur non debeat petere.

On ne peut soupçonner de fraude celui qui intente une action et qui ignore les exceptions qu'on peut lui opposer.

OBSERVATION.

Il s'agit ici d'une erreur de fait et non pas d'une erreur de droit qui n'est jamais excusable. L'erreur de fait détruit tous les soupçons qui pourroient s'élever contre le demandeur. Ainsi, si je trouve dans les papiers de celui à qui je succède un billet par lequel on s'est soumis à payer une somme, je puis sans pouvoir être soupçonné de fraude, attaquer l'auteur du billet, puisque j'ignorois qu'il eut une quittance de ce billet.

REGLE CLXXVIII.

Paulus, lib. 15, ad Plautium.

Cum principalis causa non consistat, plac-

rumque ne ea quidem quae sequuntur, locum habent.

L'accessoire ne subsiste pas ordinairement lorsque la cause principale est détruite.

OBSERVATIONS.

Le mot *plaerumque* (ordinairement), dont se sert ici le jurisconsulte, indique que la règle proposée souffre quelques exceptions. Ainsi, il arrive quelquefois que la cause principale étant détruite, on peut encore demander l'accessoire. Par exemple, un débiteur avoit hypothéqué ses biens pour sûreté de sa dette. Il vient à mourir et laisse deux héritiers. Ils sont tous deux tenus solidairement de payer la dette. Si l'un des deux paie sa moitié, l'obligation principale ne subsiste plus à son égard, mais l'hypothèque qui n'étoit qu'un accessoire, subsiste jusqu'à ce que la totalité de la dette soit payée.

Un mineur dont les biens avoient été vendus par l'autorité de son tuteur et sous sa garantie, obtient la rescision de la vente. Le tuteur n'en est pas moins tenu de sa garantie, parce que la vente étoit bien à la vérité nulle, puisqu'elle avoit été faite sans l'autorité du magistrat, mais le tuteur étoit bien le maître de garantir cette vente, et son obligation subsiste malgré la rescision de la vente.

REGLE CLXXIX.

Paulus, lib. 16, ad Plautium.

In obscurâ voluntate manumittendis favendum est libertati.

Si l'acte d'affranchissement contient des termes ambigus, il faut prononcer en faveur de la liberté.

OBSERVATION.

Cette règle n'a pas besoin d'explication.

REGLE CLXXX.

Paulus, lib. 17, ad Plautium.

Quod jussu alterius solvitur, pro eo est quasi ipsi solutum esset.

Celui qui paie à un tiers par l'ordre de son créancier, est censé avoir fait ce paiement au créancier lui même.

OBSERVATION.

Le mandat ou l'ordre qui me charge de payer au nom de mon créancier est une véritable quittance pour moi si je puis prouver que j'ai suivi l'ordre qui m'étoit adressé.

REGLE

REGLE CLXXXI.

Paulus, lib. 1, ad Vitellium.

Si nemo subiit haereditatem omnis vis testamenti solvitur.

Lorsque les héritiers institués refusent l'hérédité ou qu'ils ne peuvent l'accepter, le testament est nul.

OBSERVATION.

Cette règle est appuyée sur le principe du droit romain suivant lequel l'institution d'un héritier étoit la base du testament. Ainsi, suivant ce droit, si l'héritier institué ou ne veut pas accepter l'hérédité, ou se trouve dans l'impossibilité de l'accepter, les dispositions contenues dans le testament sont absolument nulles. Mais, d'après la novelle 115, les dispositions faites par le testateur, c'est-à-dire, les legs consignés dans le testament, peuvent être revendiqués par le légataire dans le cas où il ne se présenteroit personne pour faire acte d'héritier. Cette règle ne peut avoir lieu parmi nous, nos testamens n'étant, à proprement parler, que des codicilles.

REGLE CLXXXII.

Paulus, lib. 2, ad Vitellium.

Quod nullius esse potest, id ut alterius fiat, nulla obligatio valet efficere.

Q

Ce qui, par sa nature, ne peut appartenir
à personne, ne peut faire l'objet d'une convention.

OBSERVATIONS.

Il s'agit ici des choses qui sont hors du commerce, tels que les monumens publics qui
ne peuvent faire l'objet d'une convention.
On peut aussi comprendre sous cette règle,
les conditions impossibles qui n'obligent point
celui qui s'est soumis à les accomplir. Si cependant ces clauses se trouvoient dans un
testament, elles n'empêcheroient pas le légataire de percevoir son legs, puisqu'il ne dépend pas de lui que la condition ait son effet, et qu'alors on s'arrête à la principale
volonté du testateur qui a voulu favoriser le
légataire et qui s'est seulement trompé dans
l'énoncé de la condition.

A l'égard des conventions par lesquelles
on s'engage à livrer une chose qui n'est pas
dans le commerce, il est bon d'observer que
cette convention, nulle dans son principe,
ne vaudroit encore rien quand même elle
auroit été faite sous condition, et que la condition eut été accomplie, la chose ayant cessé
d'être hors du commerce.

REGLE CLXXXIII.

Marcellus , lib. 3 , digestorum.

Et si nihil facile mutandum est ex so-
lemnibus, tamen ubi aequitas evidens poscit,
subveniendum est.

Quoiqu'il ne soit pas permis de s'écarter
des formes prescrites par la loi , il y a cependant des cas où l'on peut en dispenser
lorsque l'équité l'exige.

OBSERVATION.

Les formes établies par les lois sont de rigueur , et il n'est pas permis au juge de s'en
écarter. Il y a cependant des cas où l'on peut
les adoucir , sur-tout, dit Mornac , sur la
loi 5 , au digeste, *de in integrum restitutio-*
nibus, si celui qui demande à en être relevé,
peut prouver que c'est par la fraude de sa partie
adverse qu'il s'est trouvé dans le cas de ne
pas obéir à cette forme rigoureuse. Par exemple, si un avocat présent à l'audience , n'a
pas ouï la voix de l'huissier qui a appelé sa
cause , et s'est laissé condamner par défaut,
il peut faire relever le défaut , et on refuse
rarement de l'entendre dans la même séance ,
mais ordinairement on accorde défaut ou
congé , sauf l'heure. Voyez encore ce que
nous avons dit sur la loi XC.

Q 2

REGLE CLXXXIV.

Celsus, lib. 7, digestorum.

Vani timoris justa excusatio non est.

Une crainte frivole ne peut servir d'excuse.

OBSERVATION.

La crainte est, ou grave ou légère. Une crainte est grave lorsqu'elle est appuyée sur des motifs assez puissans pour épouvanter l'homme le plus ferme, comme la crainte de la mort ou l'infamie. Cette crainte bien prouvée, opère la nullité de l'acte auquel elle a donné lieu, mais il faut que cette nullité soit prononcée par le juge.

On regarde comme légère, la crainte qui n'est appuyée que sur des menaces ou d'autres motifs qui ne doivent pas empêcher l'exercice de la volonté. Voyez sur ce sujet, ce que nous avons dit sur la règle XXXVII.

REGLE CLXXXV.

Celsus, lib. 8, digestorum.

Impossibilium nulla est obligatio.

La promesse d'une chose impossible n'est pas obligatoire.

OBSERVATION.

Voyez la règle CXXX et CLXXXII.

REGLE CLXXXVI.

Celsus, lib. 12, digestorum.

Nihil peti potest ante id tempus quo per rerum naturam persolvi possit, et cum solvendi tempus obligationi additur, nisi eo praeterito peti non potest.

On ne peut former une demande avant que la chose dont on est convenu ne soit dans le cas de pouvoir être livrée selon le cours ordinaire des choses, ou que le terme arrêté entre les parties, ne soit échu.

OBSERVATION.

Si l'on s'est obligé de fournir les fruits d'un terrain, on ne peut être poursuivi à raison du paiement de ces fruits qu'après la récolte, puisqu'il est impossible que le débiteur puisse s'acquitter de son obligation avant cette époque. Si l'obligation a un terme, on ne peut poursuivre le débiteur avant le terme échu, à peine de payer les dépens.

REGLE CLXXXVII.

Celsus, lib. 7, digestorum.

Si quis praegnantem uxorem reliquit, non videtur sine liberis decessisse.

Celui qui, en mourant, a laissé sa femme enceinte, n'est pas censé mort sans enfans.

Q 3

O B S E R V A T I O N.

Un legs fait sous cette condition, je *donne et lègue* 3ooo *francs à Pierre s'il laisse des enfans*, est valide, si le légataire en mourant laisse sa femme enceinte, parce que l'enfant dans le ventre de sa mère est censé vivant ; si cependant cet enfant venoit à périr avant sa naissance, le legs seroit absolument nul.

R E G L E C L X X X V I I I.

Celsus, lib. 17, digestorum.

Ubi pugnantia inter se in testamento juberentur, neutrum ratum est.

Lorsqu'un testament contient deux choses absolument contraires, toutes les deux sont sans effet.

O B S E R V A T I O N S.

Lorsqu'on ne peut distinguer quelle a été la volonté du testateur, si, par exemple, il ordonne qu'un fonds situé à tel endroit soit vendu à un prix qu'il a fixé, et que dans le même testament il déclare que son intention est que ce fonds reste dans sa famille, ces deux clauses contradictoires sont regardées comme non avenues.

Ce qu'on dit ici des testamens doit s'appli-

quer aux conventions qui sont nulles lorsqu'elles contiennent des clauses qui se détruisent mutuellement.

§. I.

*Quae rerum naturâ prohibentur, nullâ lege
confirmata sunt.*

Ce qui est contraire aux lois de la nature,
ne peut être permis par les lois.

OBSERVATION.

Voyez la règle CLXXXII.

REGLE CLXXXIX.

Celsus, lib. 13, digestorum.

*Pupillus nec velle nec nolle in eâ aetate
nisi adpositâ tutoris auctoritate creditur; nam
quod animi judicio fit, in eo tutoris auc-
toritas necessaria est.*

Le pupille n'est pas censé avoir la volonté
et il ne peut s'engager dans aucune affaire qui
exige des connoissances et de la réflexion,
sans l'autorité de son tuteur.

OBSERVATION.

Nous avons déjà traité du principe qui fait
la matière de cette règle dans nos observations sur la règle V. Nous ajouterons seulement que comme le pupille n'est pas censé

avoir assez de discernement pour distinguer ce qui lui est avantageux ou nuisible, tous les actes qu'il fait sans y être autorisé par son tuteur, sont absolument nuls. Ainsi, un pupille qui auroit fait une fausse affirmation, ne pourroit être accusé de faux, parce qu'il n'a pas assez d'intelligence pour juger sainement des choses et pour distinguer le vrai d'avec le faux.

REGLE CXC.

Celsus, lib. 24, digestorum.

Quod evincitur in bonis non est.

Ce qui est sujet à l'éviction ne peut être compris dans les biens qui nous appartiennent.

OBSERVATION.

Toutes les fois qu'on peut, par un jugement, nous priver d'un bien dont nous avions la possession, ce bien n'est pas censé nous appartenir. Ainsi, si j'ai donné en paiement une chose qui puisse être revendiquée par un tiers, je reste toujours chargé de la dette, puisque le paiement est absolument illusoire.

REGLE CXCI.

Celsus, lib. 33, digestorum

Neratius consultus an quod beneficium dare

se quasi viventi Caesar rescripserat, jam de-
functo dedisse existimaretur? respondit non
videri sibi principem quod ei quem vivere
existimabat concessisset, defuncto conces-
sisse : quem tamen modum esse beneficii vel-
let, ipsius aestimationem esse.

Neratius consulté pour savoir si un privilège accordé par le prince à un particulier
qu'il croyoit vivant, est nul si ce particulier
étoit mort au moment où ce privilège a été
obtenu, décide pour la négative, mais il
conseille de s'adresser au prince pour s'assurer de son intention.

OBSERVATIONS.

Les privilèges réels ne s'éteignent point par
la mort de celui auquel ils ont été accordés,
parce que ces privilèges étant inhérens à la
chose, ne peuvent s'éteindre qu'avec elle.
Par exemple, lorsque le souverain, par une
grace spéciale, exempte un fonds de quelque
tribut, les possesseurs de ce fonds jouissent
successivement de cette exemption.

Il n'en est pas de même des privilèges purement personnels qui s'éteignent avec la personne. Ainsi, si un particulier qui avoit obtenu
des lettres de répit qui l'exemptoient de payer
ses créanciers pendant l'espace de cinq ans,

venoit à mourir avant l'expiration de ce terme, ses héritiers ne pourroient pas profiter du tems qui reste, mais ils doivent obtenir de nouvelles lettres, s'ils veulent profiter de ce privilège. A plus forte raison, ils ne pourroient pas alléguer en leur faveur ces mêmes lettres de répit, si la personne en faveur de laquelle ces mêmes lettres avoient été expédiées, étoit morte au moment de leur obtention.

Mais, si l'on ne peut pas juger par les circonstances si le souverain n'a voulu accorder la grace qu'en faveur de l'impétrant ou s'il a voulu que cette grace s'étendit à ses héritiers, il faut s'adresser au souverain, qui seul, a le droit d'expliquer sa volonté sur les graces qu'il accorde.

REGLE CXCII.

Marcellus, lib. 29, digestorum.

Ea quae in partes dividi non possunt, solida à singulis haeredibus debentur.

Les héritiers sont tenus solidairement à l'égard des choses qui, de leur nature, sont indivisibles.

OBSERVATIONS.

Les actions héréditaires se partagent entre

les co-héritiers qui ne sont tenus à cet égard, qu'à raison de la part qui leur étoit échue; lorsqu'il s'agit des choses qui peuvent aisément se partager, comme les fruits, l'argent comptant, etc.

Mais s'il s'agit des choses qui sont indivisibles, comme les servitudes, les maisons, etc. chaque héritier est tenu solidairement de cet objet, et si l'un des co-héritiers a payé, les autres sont libérés envers les créanciers, mais ils restent obligés envers leur co-héritier qui peut avoir recours contre chacun d'eux, à raison de ce qu'il devoit payer pour sa part.

§. I.

In re dubiâ benigniorem interpretationem sequi non minus justius est quàm tutius.

Dans les affaires douteuses, il faut toujours prendre le parti le plus doux, comme étant le plus sûr et le plus conformé à l'équité.

OBSERVATION.

Voyez la règle L.

REGLE CXCIII.

Celsus, lib. 28, digestorum.

Omnia ferè jura haeredum proindè habentur ac si continuo sub tempus mortis haeredes extitissent.

A quelque tems que l'héritier ait accepté
la succession, il succède dans tous les droits
du défunt à compter du jour de sa mort.

OBSERVATION.

L'héritier représente la personne du défunt
qui, par sa mort, ne détruit pas les droits
qui lui appartenoient, mais, les transmet à
son successeur tels qu'il les possédoit au moment de son décès. Ainsi, un héritier, par
bénéfice d'inventaire, est censé avoir accepté
la succession aussitôt après la mort du défunt,
encore qu'il n'ait fait acte d'héritier qu'après
le tems qui lui est accordé par la loi, pour
délibérer. De-là il suit que, si dans le tems
intermédiaire, la succession a reçu quelqu'accroissement, cet accroissement lui appartient.
Il peut, en conséquence, compter à son profit,
le tems qui s'est écoulé depuis la mort du
testateur, pour achever le tems de la prescription qui n'étoit pas échu au tems où il
avoit cessé d'exister.

REGLE CXCIV.

Modestinus, lib. 6, differentiarum.

*Qui per successionem quamvis longissimam
defuncto haeredes constiterunt non minus
haeredes intelliguntur quàm qui principa-
liter haeredes existunt.*

Les héritiers, soit qu'ils succèdent directement ou qu'ils aient pris la place d'autres
héritiers, jouissent des mêmes droits que ceux
qui étoient au premier degré dans l'ordre de
la succession.

OBSERVATION.

De quelque manière qu'on parvienne à la
succession, soit qu'on y soit directement appelé, soit que le plus proche héritier renon-
çant à son droit, ou perdant la faculté de
succéder, on succède à sa place, on jouit
des mêmes droits que celui par qui on étoit
exclu, et dont on prend la place. Mais on n'a
pas plus de droit que lui. Ainsi, le substitué
ne peut prendre dans la succession que ce que
l'institué auroit, s'il avoit été héritier, et il
est tenu d'acquitter les legs et autres charges
de la succession. On en trouve un exemple
dans la loi 5, au digeste, *quod cum eo qui
in alienâ potestate*, etc. Voici l'espèce de
cette loi : un fils ayant été déshérité par son
père pour de justes motifs, a été néanmoins
substitué à l'héritier qui avoit été institué à
sa place. L'héritier institué refuse la succession, le fils, quoique déshérité par son père,
est censé être son héritier, et est tenu à toutes
les charges de la succession.

REGLE CXCV.

Modestinus, lib. 5, differentiarum.

*Expressa nocent, non expressa non no-
cent.*

Une disposition devient nulle par une clause
qui y est expressément énoncée, mais, cette
disposition seroit valable si la clause irritante
n'y étoit que tacitement exprimée.

OBSERVATION.

Un exemple suffira pour l'explication de
cette règle. Un testateur ne peut faire un legs
qui dépende absolument de la volonté de son
héritier, par exemple, *je donne et lègue
100 écus à Titius si mon héritier y consent*,
parce que ce legs seroit illusoire dans le cas
où l'héritier ne voudroit pas consentir à sa
délivrance ; mais cette même clause n'annul-
leroit pas la disposition si elle étoit conçue en
ces termes : *je donne 100 écus à Titius, si
Maevius se marie ;* parce qu'alors elle paroît
dépendre du hazard, et qu'il ne dépend pas
de l'héritier que la condition ne s'accomplisse.

REGLE CXCVI.

Modestinus, lib. 8, regularum.

Privilegia quaedam causae sunt, quaedam

personae : et ideo quaedam ad haeredes transmittuntur quae causae sunt : quae personae sunt , ad haeredes non transeunt.

Les privilèges sont, ou réels ou personnels. Les privilèges réels passent aux héritiers. Les privilèges personnels s'éteignent avec la personne en faveur de laquelle ils avaient été accordés.

OBSERVATION.

Voyez la règle LXVIII.

REGLE CXCVII.

Modestinus , lib. singulari de ritu nuptiarum.

Semper, in conjunctionibus non solum quid liceat considerandum est , sed et quid honestum sit.

Dans le mariage , il faut considérer non-seulement ce qui n'est pas défendu , mais encore ce qui est conforme à l'honnêteté.

OBSERVATION.

Voyez la règle CXLIV.

REGLE CXCVIII.

Javolenus , lib. 13 , ex Cassio.

Neque in interdicto neque in caeteris causis pupillo nocere oportet dolum tutoris, sive solvendo est , sive non.

La fraude commise par le tuteur, soit qu'il soit solvable, soit qu'il ne le soit pas, ne peut jamais nuire au pupille.

OBSERVATIONS.

Le mot *interdictum* dont se sert le jurisconsulte, dans cette règle, signifie l'action au possessoire.

En général, soit que l'action intentée par un tuteur tende au possessoire, soit qu'elle soit au pétitoire, elle ne peut jamais nuire au pupille.

Celui qui a contracté avec le tuteur, ne peut avoir recours que contre lui, soit qu'il soit solvable, soit qu'il ne le soit pas. Si cependant le pupille avoit profité de la fraude de son tuteur, on pourroit avoir recours contre lui jusqu'à concurrence du profit qu'il auroit retiré de la mauvaise foi de son tuteur.

RÈGLE CXCIX.

Javolenus, lib. 6, epistolarum.

Non potest dolo carere qui imperio magistratus non paruit.

Celui qui refuse d'obéir à l'ordonnance du juge, ne peut être présumé exempt de fraude.

OBSERVATION.

Il n'est pas permis de désobéir à l'ordonnance

nance du juge, même dans le cas où il so-
roit incompétent, car alors, on est tenu
d'obéir à sa citation et de lui proposer le
déclinatoire, à peine d'être condamné comme
contumax.

REGLE CC.

Javolenus, lib. 5, epistolarum.

*Quoties nihil sine captione investigari po-
test eligendum est quod minimum habet ini-
quitatis.*

Toutes les fois que dans une affaire douteuse le juge se voit forcé de prononcer contre
l'équité, il doit prendre un parti moyen et
se décider pour ce qui lui paroîtra le moins
onéreux à celui contre lequel il a à prononcer.

OBSERVATIONS.

Il y a des causes embarassantes dans lesquelles le juge se voit forcé de prononcer
contre l'équité ; alors le juge se détermine
pour le parti qui s'en éloigne le moins. Par
exemple, un mineur a emprunté de l'argent
à un autre mineur ; le juge ne peut pas prononcer en faveur de l'un sans faire tort à
l'autre, puisque ni l'un ni l'autre n'avoit le
droit de contracter. Cependant, il doit pro-

R

⁄noncer en faveur de l'emprunteur, à moins qu'on ne puisse prouver que celui-ci avoit mis à profit ce qu'il avoit emprunté, car, en ce cas, la cause du créancier seroit la plus favorable.

Selon la coutume de Paris, l'acquéreur d'un bien sujet au douaire, ne peut pas prescrire; cependant l'acquéreur paroît devoir être maintenu dans son acquisition, puisque le père et la mère de qui il a acquis, pouvoient valablement aliéner, et que le décret, si la vente a été faite par autorité de justice, purge toutes les hypothèques; cependant, comme les enfans au préjudice desquels cette vente a été faite, ne pouvoient former opposition à la vente, leur droit n'étant ouvert qu'au décès de leur mère, la prescription est déclarée nulle.

REGLE CCI.

Javolenus, lib. 10, epistolarum.

Omnia quae ex testamento proficiscuntur, ita statum eventus capiunt, si initium quoque sine vitio ceperint.

Toutes les dispositions testamentaires ne sont valides qu'autant que le testateur étoit capable de les faire au moment où il a testé.

OBSERVATION.

Cette règle est l'application de la règle ca-
tonienne, qui veut qu'une chose qui est vicieuse dans son origine, ne puisse jamais avoir
d'effet, puisque le laps de tems ne peut jamais effacer le vice dont elle est infectée dès
son origine. Ainsi, chez les Romains, un
testament fait par un fils de famille, ne pouvoit pas valoir, quoique le testateur, avant
sa mort, fut entré en jouissance de tous ses
droits par le décès de son père. Mais cette
règle n'a point lieu dans les dispositions con-
ditionnelles. Par exemple, j'ai légué à quelqu'un un fonds qui lui appartient, le legs
est nul ; mais, si j'ai ajouté que je lui léguois
ce fonds dans le cas où au tems de sa mort,
il eut cessé de lui appartenir, cette disposition reçoit son exécution au moyen du cas
prévu par le testateur.

REGLE CCII.

Javolenus, lib. 11, regularum.

*Omnis definitio in jure civili periculosa
est, parum est enim ut non subverti posset.*

Il n'est pas de règle de droit qui n'ait son

exception, et cette exception suffit pour en détruire l'effet.

OBSERVATION.

Il est très-difficile de composer une règle qui soit assez générale pour comprendre tous les cas qui ont quelque relation avec son sujet. Parce qu'outre les circonstances qu'elle a prévues, il peut en arriver tous les jours de nouvelles qui en détruisent l'effet. Le meilleur principe qu'on puisse suivre pour éviter une fausse application, est de ne citer aucune règle, à moins que le sujet pour lequel elle a été faite, ne soit absolument semblable dans toutes ses circonstances à celui qu'elle a voulu régler.

REGLE CCIII.

Pomponius, lib. 8, ad Quintum Mucium.

Quodquis ex culpâ suâ damnum sentit, non intelligitur damnum sentire.

Celui qui souffre quelque dommage par sa faute, n'est pas en droit de s'en plaindre.

OBSERVATIONS.

On ne doit s'imputer qu'à soi même le

dommage qu'on éprouve par sa faute. Ainsi,
si un chargé de procuration est condamné
aux frais de contumax, il ne peut les répéter
contre celui dont il s'étoit chargé des affaires,
puisque c'est par sa propre négligence qu'il
se voit exposé à ces frais. Si un acquéreur
se voyoit exposé à l'éviction, faute d'avoir
pris les précautions nécessaires, il ne pourroit se pourvoir en garantie contre le vendeur. La loi 52, au digeste, nous donne un
exemple frappant de cette règle. Un homme
avoit posé sur une pierre une lanterne, dans
laquelle il avoit mis une chandelle allumée,
pour s'éclairer pendant la nuit ; un passant
enlève la lanterne et s'enfuit ; le propriétaire
de la lanterne le poursuit et veut la lui arra-
cher ; le voleur s'obstine à garder sa proie
et repousse son adversaire avec un bâton dont
il étoit armé, il s'engage entre eux un com-
bat ; le voleur y perd un œil ; la loi n'accorde au blessé aucune action contre celui
par qui il avoit été blessé, parce que ce malheur lui avoit été occasionné par sa faute,
puisqu'il est le véritable aggresseur.

RÈGLE CCIV.

Pomponius, lib. 28, ad Quintum Mucium.

Minus est actionem habere quam rem.

R 3.

Avoir une chose en sa puissance, est plus avantageux que d'avoir le droit d'en poursuivre la possession.

OBSERVATION.

Cette règle paroît au premier coup - d'œil opposée à la règle XV, qui dit que celui qui a le droit d'obtenir une chose par le moyen d'une action, est censé l'avoir en sa puissance, mais elle n'en est que l'explication. Il est certain que celui qui a un droit bien établi sur une chose, est censé la posséder, et c'est là le sens de la règle XV. Mais comme nous l'avons dit dans nos observations sur cette règle, il peut arriver que ce droit devienne illusoire par l'insolvabilité du débiteur, et alors la condition du possesseur est bien préférable à celle de celui qui n'a qu'une action pour poursuivre son droit.

REGLE CCV.

Pomponius, lib. 39, ad Quintum Mucium.

Placrumque fit ut etiam ca quae à nobis abire possint, proindè in eo statu sint atque si non essent ejus conditionis, ut abire possent, et ideo quod fisco obligamus, vindi-

care interdum et alienare et servitutem in praedio imponere possumus.

Il arrive souvent que les choses qui ne nous appartiennent que d'une manière imparfaite, sont regardées comme nous appartenant irrévocablement. C'est pourquoi, si nous avons engagé un bien au domaine pour sûreté de ce que nous lui devons, rien n'empêche que nous ne puissions le revendiquer s'il cesse d'être en notre possession, que nous le vendions et que nous le chargions d'une servitude.

OBSERVATION.

Il est des choses que nous ne possédons que d'une manière imparfaite, parce qu'elles ne sont à nous que dépendamment d'un tems dont le terme n'est par déterminé, ou d'une condition. Tant que nous sommes en possession de ces choses, nous pouvons en user de la même manière que si elles nous appartenoient irrévocablement. Par exemple, un homme qui a hypothéqué ses biens, peut les vendre, mais cette vente ne peut nuire au créancier qui a toujours le droit de poursuivre son hypothèque ; et cela est si vrai, que si le créancier n'a pas formé son opposition à la

R 4

vente, l'acheteur est en sûreté. Il en est de
même si le débiteur a soumis la chose qu'il
avoit engagée à une servitude. Cette servitude
subsiste jusqu'à ce que le créancier ait exercé
ses droits.

REGLE CCVI.

Pomponius, lib. 9, ex variis lectionibus.

*Jure naturae aequum est neminem cum
alterius detrimento et injuriâ fieri locuple-
tiorem.*

Suivant l'équité naturelle, on ne doit pas,
par une injustice, s'enrichir aux dépens
d'autrui.

OBSERVATION.

Cette règle est si sage, son utilité est si évidente, qu'elle devroit être gravée à la porte
de tous les tribunaux. D'après ce principe,
un pupille qui auroit emprunté de l'argent
sans y être autorisé par son tuteur et qui auroit employé cet argent à son profit, pourroit
être poursuivi, et rien n'empêcheroit qu'on
n'obtînt contre lui un jugement qui le force-
roit à satisfaire à l'obligation qu'il a contractée.
Un débiteur qui, par erreur de fait, auroit

payé plus qu'il ne devoit, peut se pourvoir
en indemnité, etc.

REGLE CCVII.

Ulpianus, lib. 1, ad legem Juliam et Papiam.

Res judicata pro veritate accipitur.

On regarde comme constant ce qui a été
décidé par un jugement définitif.

OBSERVATIONS.

Le jugement définitif est celui qui a été
rendu en dernier ressort, et dont l'appel n'est
pas recevable, soit qu'une des parties ait ac-
-quiescé au jugement ou que l'appel n'ait pas
été interjetté dans le tems utile.

Ces sortes de jugemens doivent avoir leur
entier effet, à moins qu'il n'y ait eu collusion de la part du juge, car alors on pourroit se pourvoir contre ce jugement en prouvant
la collusion.

Si cependant un débiteur après avoir obtenu un jugement qui l'auroit déchargé de
sa dette, avoit payé à son créancier ce qu'il
lui devoit légitimement, il ne seroit pas écouté

si, sous prétexte du jugement rendu en sa faveur, il vouloit se pourvoir pour obtenir de son créancier ce qu'il lui avoit payé, parce qu'alors il est censé avoir agi par un mouvement d'équité qui l'avoit engagé à renoncer au jugement qu'il avoit obtenu en sa faveur.

Il est bon d'observer qu'une sentence portée contre un absent, ne peut nuire qu'à celui qui s'est laissé condamner par contumace et non pas à ceux qui ont un droit réel, et qui n'ayant pas été cités en jugement, n'étoient 1 tenus d'y comparoître.

REGLE CCVIII.

Paulus, lib. 14, ad legem Juliam et Papiam.

Non potest videri desiisse habere, qui nunquam habuit.

On n'est pas censé avoir perdu une chose qu'on a jamais eue.

OBSERVATION.

Voyez la règle LXXXIII

REGLE CCIX.

Ulpianus, lib. 4, ad legem Juliam et Papiam..

Servitutem mortalitati ferè comparamus.

Nous comparons la servitude à une espèce de mort.

OBSERVATION.

Cette règle n'est d'aucun usage parmi nous.

RÈGLE CCX.

Licinius Rufinus, lib. 2, regularum.

Quae ab initio inutilis fuit institutio, ex post facto convalescere non potest.

Le laps de tems ne peut valider une institution d'héritier qui étoit nulle dans son principe.

OBSERVATION.

Voyez la règle CCVIII.

RÈGLE CCXI.

Paulus, lib. 69, ad edictum.

Servus reipublicae causâ abesse non potest.

Un esclave ne peut être censé absent pour les affaires publiques.

OBSERVATION.

Cette règle n'a pas lieu parmi nous.

TABLE GÉNÉRALE

DES MATIERES

CONTENUES DANS CE VOLUME.

———

A.

S

S 3

S 4

E.

F.

H.

T

L.

O.

T 3

P.

T 4

Q.

R.

S.

T.

V.

U.

F I N.

ERRATA.

Page 6, ligne 18, connoissauce, *lisez* connoissauce.
Pag. 74, lig. 13, explications, *lisez* exceptions

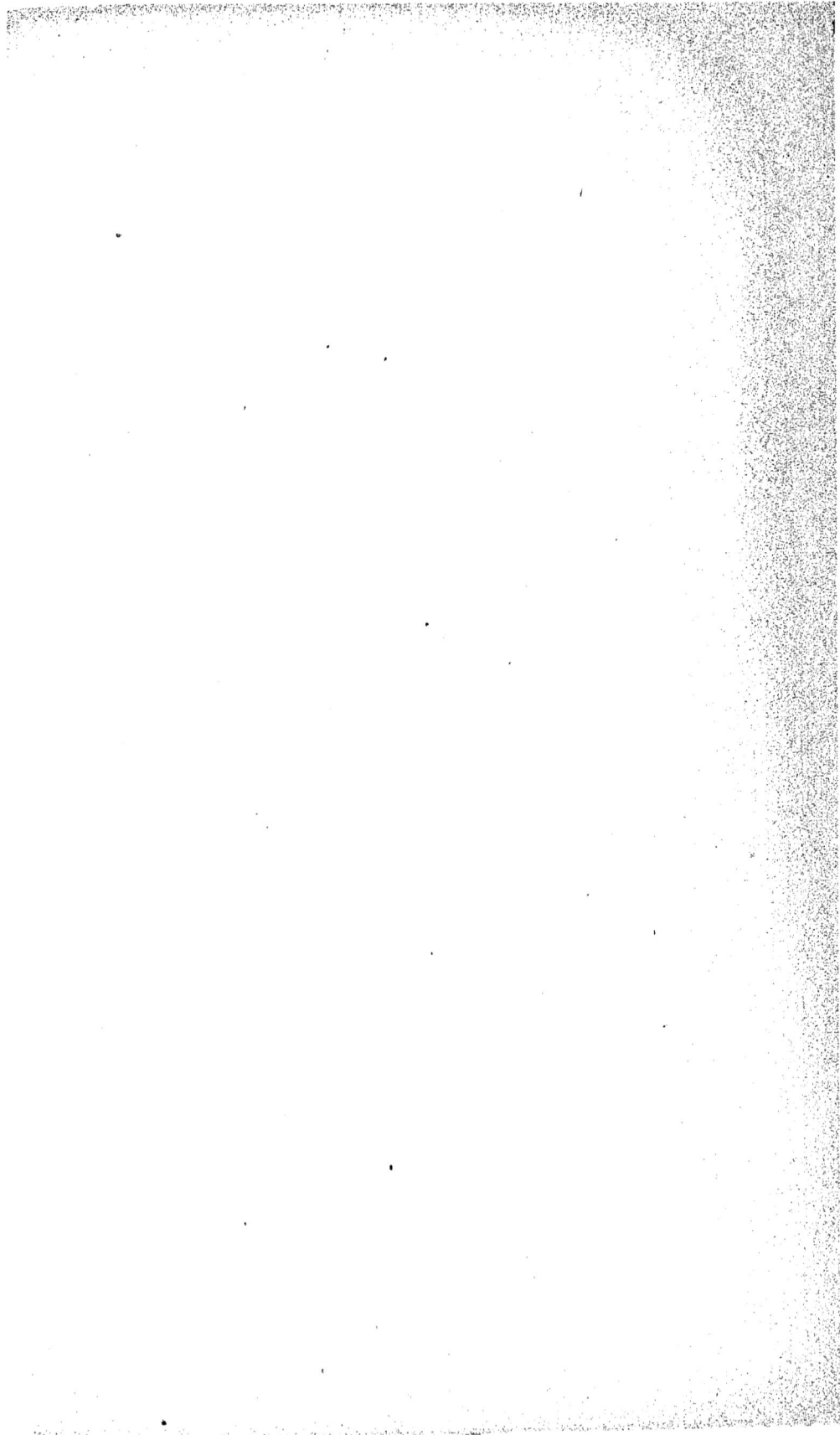

www.ingramcontent.com/pod-product-compliance
Lightning Source LLC
Chambersburg PA
CBHW060427200326
41518CB00009B/1510